D1688682

BIRGIT ORTMÜLLER (HG.) • Dennoch voll Vertrauen

BIRGIT ORTMÜLLER (HG.)

Dennoch voll Vertrauen

Kleine Ermutigungen,
die das Leben schrieb

neukirchener

Bibliografische Information der Deutschen Nationalbibliothek:
Die Deutsche Nationalbibliothek verzeichnet diese Publikation in der
Deutschen Nationalbibliografie; detaillierte bibliografische Daten sind
im Internet über http://dnb.d-nb.de abrufbar.

Die automatisierte Analyse des Werkes, um daraus Informationen
insbesondere über Muster, Trends und Korrelationen gemäß § 44b UrhG
zu gewinnen, ist untersagt.

© 2024 Neukirchener Verlagsgesellschaft mbH, Neukirchen Vluyn
Alle Rechte vorbehalten
Umschlaggestaltung: Kristina Dittert, FreiSinn Grafik
Coverfoto: © Shutterstock/Kate Macate
Lektorat: Sarah Siebentritt
DTP: Burkhard Lieverkus
Verwendete Schriften: Scala Pro, Scala Sans Pro
Gesamtherstellung: Finidr, s.r.o., Český Těšín
Printed in Czech Republic
ISBN 978-3-7615-6986-3 Print
ISBN 978-3-7615-6987-0 E-Book

www.neukirchener-verlage.de

Inhalt

	Vorwort	9
	PRISCILLA BILGER	
1	Dennoch freue ich mich	11
	CORD EXNER	
2	Dennoch – immer wieder	14
	BIRGIT GÖTZ	
3	Dennoch von Gott gehalten	17
	SAMUEL GARTHE	
4	Dennoch tiefer Frieden	20
	SONJA MANN	
5	Dennoch brauchen manche Wunder Zeit	23
	MICHAEL DINTER	
6	Dennoch bestanden	27
	CORINNA BENDER	
7	Dennoch glauben wir an mehr	30
	INGRID KRETZ	
8	Dennoch ein Licht in der Dunkelheit	32
	PETRA ANDREAS	
9	Dennoch singen, danken und loben	35
	JOSEF MÜLLER	
10	Dennoch verkünde ich das Evangelium	38
	ANKE GOPPOLD-JANSSEN	
11	Dennoch ist das Leben schön	41
	MICHÈLE JOHNSON	
12	Dennoch gesehen, getragen und geborgen	44

MEIKE MENZE-STÖTER
13 Dennoch schenkst du Glück............................ 47

JOACHIM MUTH
14 Dennoch handelt Gott.................................. 51

KERSTIN GRIESING
15 Dennoch wird das Dunkel hell......................... 54

ANDREAS FRIEDRICH
16 Dennoch in Gottes Händen – auf ewig 56

LYDIA BILGER
17 Dennoch bete ich 59

JOHANNA ULRICH
18 Dennoch im Herzen..................................... 62

HANS-PETER MUMSSEN
19 Dennoch ruft mein Gewissen........................... 64

CLAUDIA BÜCK
20 Dennoch gibt es Dennochs 69

IRMGARD MARLENE BLOCK
21 Dennoch ist Gott die Liebe 72

DR. REINER BRAUN
22 Dennoch im Dienst des Herrn.......................... 76

JOHANNA SCHNABEL
23 Dennoch keinen Mangel gehabt 80

DIETER HESSE
24 Dennoch schenkt Vergebung Freiheit.................. 83

ANNA-LENA RINK
25 Dennoch findet er mich................................ 87

BETTINA WENDLAND
26 Dennoch Teil von Gottes Familie 90

KARL SCHMIDT
27 Dennoch dranbleiben lohnt sich 94

SARAH KREINER
28 Dennoch werden Träume wahr 96

JUDITH SCHÄFER
29 Dennoch an meiner Seite 99

MATTHIAS ULLRICH
30 Dennoch zweifeln und glauben 103

BIRGIT ORTMÜLLER
31 Dennoch unter Gottes Schutz 106

CHRISTINE BÖSSER
32 Dennoch verlierst du mich nicht aus den Augen 110

MANFRED ROTH
33 Dennoch bestimmt Gott den Weg 114

DIAKONISSE ANGELIKA PÜCHNER
34 Dennoch greift Gott ein 117

TORSTEN BEIMBORN
35 Dennoch werde ich leben 120

ANETTE WETTERAU-RUPPERSBERG
36 Dennoch ist das Leben (wieder) ein Geschenk 123

BIRGIT KNÖBEL-DE FELICE
37 Dennoch ist er Weg, Wahrheit und Leben 126

JOACHIM BOBKA
38 Dennoch vertraue ich 129

ESTHER MANN
39 Dennoch ein schöner Sommer 133

ULRIKE BAUSPIESS
40 Dennoch nicht allein 136

MEXX KLINKERT
41 Dennoch nehme ich mir die Zeit 140

KSENI HÖROLD
42 Dennoch Gottes Königstochter 143

DR. DEBORA SOMMER
43 Dennoch weitergehen 147

RUTH PFENNIGHAUS
44 Dennoch ein schöner Garten............................. 149

CHRISTEL ULLRICH
45 Dennoch ein gutes Leben.................................. 152

HENRIK HOMRIGHAUSEN
46 Dennoch gelten Gottes Zusagen........................ 155

INGE JAKOBI
47 Dennoch schreibt Gott meine Geschichte............... 157

ARNE KOPFERMANN
48 Dennoch ein Regenbogen 159

PROF. DR. FRIEDHELM PRACHT
49 Dennoch – Begegnungen.................................. 162

KATJA SPITZER
50 Dennoch werde ich gesehen.............................. 165

WILLI STIEL
51 Dennoch leben 167

BIRGIT ORTMÜLLER
52 Dennoch, ein Lebensbegleiter............................ 169

Dank.. 172

Quellenverzeichnis 173

Vorwort

Dennoch – dieses kleine Wort hat für mich eine große Bedeutung bekommen. Ein Holzaufsteller aus der Wohnung meiner Großeltern trägt die Aufschrift Dennoch. Er brachte mich auf die Idee, Dennoch-Geschichten zu sammeln: Geschichten aus dem Leben, die von einem Dennoch handeln, die ermutigen und Hoffnung machen.

Es ist nicht immer leicht, ein Dennoch auszusprechen. Manches, was wir erleben, bringt uns an die Grenzen menschlicher Vernunft und hinterlässt nicht selten Verzweiflung, Unverständnis und Hoffnungslosigkeit. Vor so manchem Dennoch in meinem Leben wäre ich am liebsten geflohen. Doch ich habe gespürt, dass Aufgeben keine Option ist. Ich kann vor Gott und seiner Liebe nicht fliehen. Er ist immer und zu allen Zeiten des Lebens gegenwärtig. Alle offenen Fragen dürfen wir an ihn weitergeben. Gott kennt uns, möchte uns durch alle unsere Dennochs begleiten und schenkt uns – wenn auch nicht immer sofort – neue Perspektiven.

Seit *Dennoch ist Hoffnung*, das erste Buch mit Dennoch-Geschichten, erschienen ist, habe ich eine Menge Zuspruch erhalten und mir wurde viel Dankbarkeit entgegengebracht. So hat Gott mich immer wieder ermuntert, weiter Dennoch-Texte zu sammeln. Ich durfte neue Kontakte knüpfen und so sind wieder 52 hoffnungsvolle Geschichten zusammengekommen.

Sie erzählen authentisch und ehrlich von den verschiedensten Dennochs und sollen für andere zum Hoffnungsträger werden. Dieses Buch möchte Mut machen, unserem Gott zu vertrauen und an ihm dran zu bleiben, selbst dann, wenn alles verloren erscheint. Denn er bleibt auch an uns und hält uns fest. Dennoch!

Birgit Ortmüller

PRISCILLA BILGER

1 Dennoch freue ich mich

»Seid nicht bekümmert, denn die Freude am Herrn ist eure Stärke« (Nehemia 8,10). Das ist mein Konfirmationsspruch. Ich habe ihn in seiner ganzen Tiefe erfahren. Er sagt mehr aus, als: Mach dir keine Sorgen. Sondern: Wenn du Sorgen und Nöte hast, freue dich dennoch am Herrn, dadurch wirst du stark und erhältst die Kraft, deinen Lebensweg zu bejahen.

Was ist eine perfekte Kindheit? Beinhaltet sie ein behütetes Zuhause, keine familiären oder finanziellen Probleme und einfach Gesundheit? Meine Kindheit war in diesem Sinne nicht perfekt, sie war besonders. Im Guten wie im Schlechten.

Die gute Seite ist: Ich bin am Rande des Schwarzwaldes aufgewachsen, auf einem Bauernhof mit drei älteren Geschwistern und mit Eltern, die uns eine behütete Kindheit ermöglicht haben.

Die andere Seite war schwer und sehr herausfordernd für mich und meine Familie: Ich war epilepsiekrank. Die Krankheit dauerte sieben Jahre. Anfangs waren es nur kleine Anfälle. Ich habe sie im ersten Jahr, als ich noch keine Diagnose hatte, als Aussetzer beschrieben.

Als ich den zweiten großen Anfall hatte, wurde ich ins Krankenhaus eingeliefert. Die Ärzte führten ein paar Tests mit mir durch und diagnostizierten mir Epilepsie.

Bei einem Anfall war es, als ob ich in meinem eigenen Körper gefangen wäre. Ich konnte mich in diesen Momenten nicht bewegen und daher konnte ich auch nicht mehr angemessen reagieren. Dies hatte zur Folge, dass ich bei normalen Aktivitäten – wie mit anderen Kindern alleine spielen oder Fahrrad fahren – nicht mehr mitmachen konnte. Da es mir nicht mehr möglich war, mich auf meinen Körper zu verlassen, habe ich zusätzlich Angstzustände entwickelt.

Die Krankheit wurde immer schlimmer. Es gab zwar auch Zeiten, in denen ich nur einen Anfall pro Woche hatte, aber in den letzten beiden Krankheitsjahren bekam ich mehrere Anfälle an einem Tag. Sie wurden immer länger und heftiger. Und es gab keine Medikamente, die mir geholfen hätten. Täglich hatte ich mit Kopfschmerzen zu kämpfen.

Trotzdem habe ich als Kind nie den Glauben verloren. Meine ganze Familie hat mit mir und für mich gebetet. Uns als Familie war immer klar, dass wir kein Anrecht auf ein Leben ohne Krankheiten und ohne Schwierigkeiten haben. Gesundheit ist ein Geschenk Gottes – und nicht das Wichtigste im Leben, wie es das Sprichwort sagt. Leben mit einer Krankheit ist dennoch lebenswert, wenn wir uns von Gott geschaffen und geliebt wissen.

Als ich zwölf Jahre alt war, fanden die Ärzte heraus, welcher Gehirnteil erkrankt war. Sie rieten mir zu einer Gehirnoperation, denn sie waren der Meinung, dass ich andernfalls die Schule nicht abschließen und kein lebenswertes Leben führen könne. Gemeinsam mit meiner Familie habe ich entschieden, mich operieren zu lassen.

Im April 2016 war dann der Tag der Operation gekommen. Morgens holten mich die Ärzte aus meinem Zimmer ab. Kurz vorher hatte ich meinem Vater eine Nachricht nach Hause geschrieben: *Die Ärzte sind da, ich werde jetzt gleich operiert. Jesus ist bei mir. Hab dich lieb, deine Prissi.* Von da an hatte ich eine innerliche Ruhe, obwohl ich wusste, dass die Operation sehr riskant war.

Alles verlief ohne Komplikationen. Danach war ich für drei Monate in Reha. Dort habe ich wahre Heilung von Gott durch Menschen erfahren. Langsam wurden nun auch die Medikamente abgesetzt, worüber ich bis heute sehr froh bin.

In den ersten Jahren nach der Operation hatte ich oft Kopfschmerzen. Aber inzwischen bin ich seit sieben Jahren medikamentenfrei und geheilt. Kopfschmerzen habe ich nur noch selten.

Im Rückblick betrachtet war es schwer, das alles durchzustehen. Aber ich habe auch viele wunderbare Momente erlebt. Mir ist klar geworden, dass wir kein Anrecht auf gute Umstände haben, diese sind ein Privileg. Sie sind auch nicht das Ziel. Das Ziel ist, dass wir Gott in jeder Lebenssituation anbeten und ihm die Ehre geben.

Ich bin Gott so dankbar, dass er seine Macht in meinem Leben gezeigt hat, und ich weiß, dass er auch durch alle kommenden Herausforderungen hindurch treu sein wird.

CORD EXNER

2 Dennoch – immer wieder

Es traf uns völlig unvermittelt, dafür heftig. In wenigen Worten an uns stellte sich heraus, dass wir als Familie mit vier schulpflichtigen Kindern in Kürze unsere Wohnung und ich meine Arbeit verlieren würden. Die Gründe dafür lagen nicht bei uns. Wir konnten sie auch nicht beeinflussen. Und auch sonst niemand. Da hatten Menschen ohne uns Entschlüsse gefasst, die zu unseren Lasten gingen. Wir begriffen: Ein Umbruch hatte eben begonnen. Ein Umzug stand an. Ein Neuanfang würde nötig sein. Wie sollte das gehen? Und vor allem: Wohin?

»Weg hast du allerwegen, an Mitteln fehlt dir's nicht«, so hatten wir es schon oft gesungen. So wollten wir es nun auch glauben. In aller Erschütterung, die wir durchlebten. Mit den unbeantwortbaren Warum-Fragen, trotz aller lähmenden Ungewissheit und mitten im Weiter-So des Alltags, der ja auch bewältigt werden musste. Durch jede und jeden von uns. Und tatsächlich tat sich fast ohne unser Zutun eine Möglichkeit auf. Ein Ort kam in Sicht, den wir uns als neue Bleibe vorstellen konnten. Ein Lebensrahmen, den wir meinten, ausfüllen zu können. Eine Tätigkeit, die sich als chancenreich und lohnend erweisen sollte.

»... der wird auch Wege finden, da dein Fuß gehen kann«, konnten wir nun weiterhin singen. Etwas beschwerter zwar, aber dennoch erleichtert. Etwas tiefgängiger, aber dennoch mutig. Und so ließen sich innerhalb weniger Monate viele Abschiede gestalten, ein Arbeitsplatz besenrein hinterlassen, ein neues Domizil beziehen, vier Schulgelegenheiten im anderen Bundesland finden... Tatsächlich hatte er, Gott, der sich in Christus anrufen lässt, Wege aufgetan und Mittel bereitgestellt. Tatsächlich hatte er die Dinge gefügt, wie die Alten sagen. Dennoch.

Es traf uns dann nicht ganz unerwartet, aber doch heftig. Nach wenigen Jahren und vielen Worten stellte sich heraus, dass wir nach nicht allzu langer Zeit erneut Arbeit und Wohnung, Schulen und andere Bezüge aufgeben würden, um einen neuen Platz zu suchen. Es gab Gründe dafür. Auf allen Seiten. Ein Neuanfang wurde nötig. Ein Umzug stand an. Wie sollte das gehen? Und vor allem: Hatte nicht Gott alles vorbereitet gehabt? Hatte er nicht alles in Bahnen gelenkt? Wie konnte dann nicht alles gut gehen? Hatten wir nicht genug geglaubt? Hatten wir versagt? Und wenn ja, gibt es ein weiteres Dennoch?

Und tatsächlich tat sich fast ohne unser Zutun wiederum eine Möglichkeit auf. Ein Ort kam in Sicht, den wir uns als neue Bleibe vorstellen konnten. Ein Lebensrahmen, den wir meinten, ausfüllen zu können. Eine Tätigkeit, die sich als chancenreich und lohnend erweisen sollte.

Und auch das war nicht das letzte Dennoch in unserem Leben. Bei Weitem nicht. Wir haben uns nicht danach gesehnt, denn es ist manchmal ein mühevoller Weg, bis ein Dennoch tatsächlich ausgesprochen und geglaubt wird.
  Aber es sieht so aus, als ob das Dennoch uns geradezu verfolgt. Oder anders gesagt: Es ist Gott, der uns dennoch verfolgt. Um es mit Psalm 23,6 zu sagen: »Gutes und Barmherzigkeit werden mir folgen mein Leben lang, und ich werde bleiben im Hause des Herrn immerdar.« Es ist Gott, der uns zu seiner Zeit

»mit großen Gnaden« immer wieder »die Sonn der schönsten Freud'« erblicken lässt. Und die Dinge zum Guten führt.

· · · · · · · · · · · · · ·

Weg hast du allerwegen,
an Mitteln fehlt dir's nicht;
dein Tun ist lauter Segen,
dein Gang ist lauter Licht.
Dein Werk kann niemand hindern,
dein Arbeit darf nicht ruhn,
wenn du, was deinen Kindern
ersprießlich ist, willst tun.

Hoff, o du arme Seele,
hoff und sei unverzagt!
Gott wird dich aus der Höhle,
da dich der Kummer plagt,
mit großen Gnaden rücken;
erwarte nur die Zeit,
so wirst du schon erblicken
die Sonn der schönsten Freud.

Paul Gerhardt

· · · · · · · · · · · · · ·

BIRGIT GÖTZ

3 Dennoch von Gott gehalten

Vor fünf Jahren ist mein Mann ganz plötzlich gestorben. Sein Tod hat nicht nur ihn aus dem Leben gerissen, sondern auch mich aus der Bahn geworfen. Ich war total überrumpelt, sein Tod machte für mich überhaupt keinen Sinn und ich war ein einziges Fragezeichen.

Als dieses Fragezeichen war ich ungefähr ein halbes Jahr später bei uns im kleinen Dorfladen einkaufen. An der Kasse stand vor mir eine Oma. In der einen Hand hatte sie einen großen Geldbeutel, mit der anderen hielt sie die Hand ihrer kleinen, etwa vierjährigen Enkelin fest. Auf der Höhe des Mädchens waren schöne Bonbonschachteln in allen Farben aufgereiht. Das Mädchen betrachtete sie lange, zeigte dann auf die erste Schachtel und fragte: »Oma, darf ich das?« »Nein.« »Darf ich dann das?« »Nein.« »Das?« »Nein.« Und so ging sie die ganze Reihe an Sachen ab, die dieses Regal zu bieten hatte. Und jedes Mal antwortete die Oma: »Nein.« Nachdem sie alles erbeten hatte, stellte das Mädchen die schlaue Frage: »Aber warum denn nicht? Du hast doch so viel Geld!«

In diesem Moment erkannte ich mich in dem kleinen Mädchen wieder, das den großen Gott nach so vielen Herzenswünschen fragt, aber ein Nein bekommt. Warum denn nicht, Gott? Du hast doch alle Macht der Welt in deinen Händen!

In dieser Szene ist mir so bewusst geworden, wie groß der Unterschied zwischen Gott und mir ist. Riesig! So wie man dem Mädchen nicht erklären kann, warum es die Bonbons nicht bekommt, weil sie die Erwachsenenpädagogik einfach noch nicht verstehen kann, so kann ich nicht verstehen, warum Gott manche Dinge tut oder zulässt, die ich so gern ganz anders hätte.

Mir wurde klar, dass Gott wirklich groß ist und ich mit meinem Menschenhirn in diesem Leben keine verständliche Antwort auf meine Fragen erhalten werde. Warum handelt Gott so? Weil es sein Plan ist, weil er noch etwas Besseres vorhat, weil ich es nicht anders verdient habe, weil ich undankbar bin über alles, was er mir doch schon geschenkt hat ... Alle Erklärungen, die wir uns und anderen geben, sind nur unmögliche Versuche, den großen Gott in unseren kleinen Verstand zu bekommen. Niemand weiß es!

Dennoch glaube ich an Gott, weil ich in dieser Situation begriffen habe, dass Gott wirklich so viel größer ist als ich. Er hat alle Macht in seinen Händen. Gott ist souverän und mir keine Erklärung schuldig.

Die Situation mit der Oma und ihrem Enkelkind hat mich auch deshalb so berührt, weil ich etwas beobachtet habe. Während das Mädchen seine Forderungen stellte, hielten die beiden sich die ganze Zeit an der Hand. Und auch als die Oma Nein gesagt hat, haben sie die Hände nicht losgelassen. Gemeinsam haben sie den Laden verlassen, ohne Bonbons.

Wenn davon die Rede ist, dass wir Kinder Gottes sind, dann stelle ich mir das genau so vor. Manchmal sind wir voller Wut und schmeißen uns auf den Boden wie ein Kind. Manchmal zweifeln wir an Gott und seiner Liebe zu uns. Manchmal haben wir keine Kraft mehr, die Hand Gottes von uns aus festzuhalten. Manchmal drehen wir uns um und gehen zu einem anderen Supermarktregal. Manchmal spüren wir seine Liebe, manchmal nicht. Aber wenn schon eine Oma niemals ohne ihr Enkelkind nach Hause gehen würde, wie viel weniger würde Gott von uns weggehen! Gar nicht!

Gott wird unsere Hand halten. Und wenn wir sie ihm wütend, zweifelnd, verzweifelt entreißen, wird er trotzdem dastehen und auf uns warten. Er wird nicht ohne uns gehen.

Trotz aller unerfüllter Wünsche, trotz meiner Fragen und meinem Unverständnis will auch ich an Gott festhalten. Weil er mich liebt, egal, wie viel oder wenig ich an ihn glauben kann.

. . . .

Ein frohes und dankbares Lied fällt uns nicht immer leicht.
In unser Danken bricht oft die Klage,
in unsere Freude die Sorge.
Wir bitten dich, dass wir trotz allem,
was unser Leben verdunkelt,
deine Liebe wahrnehmen und deine Treue spüren.

Stephan Goldschmidt

. . . .

SAMUEL GARTHE

4 Dennoch tiefer Frieden

Ein junger Teenager sitzt tief erschüttert weinend vor seinem Bett. Nein, er sitzt nicht, er kniet – damit er sich auf die Matratze fallen lassen kann, die Tränen in sie hinein heulen und gelegentlich, aus Verzweiflung an seiner Situation, auch auf die Matratze einschlagen kann. Es geht ihm nicht gut. Er ist innerlich am Ende.

Seit Monaten, wenn nicht sogar schon seit Jahren, ist er Außenseiter in der Schule. Seit dem Umzug seiner Familie aus dem Ausland zurück nach Deutschland. Bei den Jungs findet er keinen Anschluss, weil er all die Fußballer und anderen Stars, über die geredet wird, einfach nicht kennt. Bei den Mädels läuft es auch nicht wirklich besser. Die finden es komisch, wenn er in ihrem Mädelskreis auf dem Schulhof mit dabei steht. Und wenn dann doch mal ein Thema dabei ist, zu dem er was beitragen könnte, kommt oft nur der Kommentar, er solle sich nicht einmischen. Tag für Tag, Woche um Woche fühlt er sich in der Schule allein. Ein sehr wichtiger Punkt zum Aufatmen ist da die christliche Jugendgruppe einmal die Woche. Es ist einer der wenigen Orte, an denen er sich wirklich angenommen fühlt und nicht wie sonst ständig das Gefühl hat, irgendwie falsch zu sein – eigentlich anders sein zu müssen, um angenommen zu werden. Aber das sind nur ein paar wenige Stunden in der Woche. Nur ein kleiner Tropfen auf den heißen Stein. Die anderen Christen in der Schule, es muss welche geben, hat er die gesamte Schulzeit über nicht ausfindig machen können. Alle seine Versuche sind ins Leere gelaufen. Niemand gibt sich zu erkennen. Er ist allein.

So kann das nicht weitergehen. Er will nicht mehr in die Schule. Er will so nicht mehr weiterleben. Er ist verzweifelt. – Nicht, dass er sich wirklich etwas antun würde. Dafür ist er zu sehr davon überzeugt, dass Gott irgendwie doch noch einen guten Plan für sein Leben hat. Nur gerade sieht er ihn nicht.

Tief verzweifelt, frustriert, enttäuscht und ohne Hoffnung auf eine Verbesserung kniet er dort, vor seinem Bett und knallt Gott alles hin. All seine Gefühle, all seine Verzweiflung, all seine Wut. Ein junger Teenager, tief erschüttert weinend vor seinem Bett.

Und dann, plötzlich, spürt er tief in seinem Herzen eine Veränderung. Ein unerklärliches Gefühl von Gehalten-Sein. Ein Realisieren: »Gott hält mich. Auch jetzt gerade – trotzdem. Dennoch!« Und dann die tiefe Erkenntnis: »Ich bin nicht allein!« Ein unglaublich tiefes Gefühl von Geborgenheit, wie von einer liebevollen Umarmung oder wie das Gefühl, sich in eine flauschige Decke einzukuscheln ...

Ein junger Teenager kniet tief erschüttert, weinend vor seinem Bett. Aber seine Tränen haben sich auf einmal in Freudentränen verwandelt und seine Erschütterung kommt aus einem tiefen Schluchzen vor Freude über Gottes Gegenwart. Eine tiefe Freude darüber, dass Gott spürbar bei ihm ist. Gefolgt von einem angesichts der Lage scheinbar total unvernünftigen Frieden. – Einem tiefen Frieden, weil er jetzt tief im Inneren weiß und überzeugt ist, dass er nicht allein ist mit seinen Herausforderungen und dass Gott ihn hält.

Dieser Teenager war ich. Und diese Begegnung mit Gott prägt mich bis heute. Ich habe immer wieder Gottes Frieden in ähnlicher Weise erlebt. Aber selten war der Frieden so intensiv wie damals, in meiner »existenziellen« Not als ausgegrenzter, einsamer Teenager. Der Frieden, den ich in dieser Situation *dennoch* – entgegen aller Vernunft – erleben durfte, übersteigt mein Denken absolut. Doch gerade dieser unvernünftige Frieden hat mir wieder und wieder gezeigt, dass Gott real, erlebbar und treu ist. Und, dass auf das, was er in der Bibel sagt, Verlass ist: »Und der *Friede Gottes*, der höher ist als *alle Vernunft*, wird eure Herzen und Sinne bewahren in Christus Jesus« (Philipper 4,7).

SONJA MANN

5 Dennoch brauchen manche Wunder Zeit

Mein Sohn und ich liegen in der Nestschaukel in unserem Garten und schauen in den blauen, fast wolkenlosen Himmel. Er kuschelt sich eng an mich und piepst mit seiner engelhaften Stimme: »Mama!« Ich schmelze dahin und drücke ihn mit einer kleinen Träne im Auge noch mehr an mich. Ich bin glücklich und Gott überaus dankbar für dieses Geschenk. Vor fünf Jahren sah alles noch ganz anders aus.

Mein Mann und ich saßen in einem sehr vollen Wartezimmer. Wir beide waren ziemlich aufgeregt und angespannt und wussten nicht, was da auf uns zukam. Dann wurden wir aufgerufen und rutschten auf unseren Stühlen hin und her. »Nun erzählen Sie mal, warum sind Sie hier?«, hörte ich den sehr netten Arzt sagen, der uns mit seinen freundlichen Augen anschaute und lächelte.

Dann begann ich zu erzählen: »Mein Mann und ich versuchen nun seit Jahren ein Kind zu bekommen. Laut den Voruntersuchungen bei mir und meinem Mann sollte es aber gehen.« In meiner Stimme lag ein Zittern und ich erinnerte mich an die zurückliegenden zweieinhalb Jahre.

Als sich der ersehnte Erfolg nach einiger Zeit nicht einstellte, wurde das Ganze von meiner Seite immer verkrampfter. Jeden Monat zählte ich genau die fruchtbaren Tage. Nachts lag ich weinend im Bett und betete verzweifelt, das Gott uns doch ein Kind schenken würde. Es tat sich nichts. Stattdessen wurden um uns herum alle Freunde schwanger. Mit jedem Monat, den es bei uns länger dauerte, wurden diese Tatsachen für mich schlimmer. Ich fühlte mich von Gott hintergangen und im Stich gelassen. Was hatte Gott nur für einen Humor?! Ich wünschte mir sehnlichst ein Kind und betete dafür jeden Tag und jede Nacht. In der Bibel las ich folgenden Vers: »Der unfruchtbaren Frau schenkt er Kinder, damit sie eine glückliche Mutter wird« (Psalm 113,9). Warum schenkte Gott mir kein Kind?

Jede Nachricht einer Freundin, eines Bekannten oder noch schlimmer Verwandten von deren Schwangerschaft riss mir den Boden unter den Füßen weg. Häufig schloss ich mich in unser Badezimmer ein und brach weinend zusammen. Meine Zuversicht, dass Gott es gut mit uns meinte, schwand immer mehr, genauso auch mein Vertrauen in Gott. Zudem erhielten wir noch die schöne Nachricht, dass meine Schwägerin ein Kind erwartete. Diese Botschaft ließ das Fass überlaufen. Was sollte das? Was bist du nur für ein Gott, der mich so quält und leiden lässt? Das waren meine Gedanken und meine Beziehung zu Gott wurde immer schwieriger. Das Beten im Gottesdienst und zu Hause sowie das Bibellesen fielen mir deutlich schwerer.

Mein Mann und ich beschlossen nun, uns medizinische Hilfe zu holen, und gingen in eine Kinderwunschklinik. Keine leichte Entscheidung, aber ein notwendiger Schritt. Doch auch nach vier Monaten Behandlung wollte der ersehnte Wunsch nicht in Erfüllung gehen. Nach jeder Behandlung hoffte ich auf ein Wunder und wurde doch enttäuscht. Ich trauerte jeden Monat um ein Kind, das eigentlich noch nicht existierte.

Nach einer Durchspülung meiner Eileiter versuchten wir noch zwei weitere Samenübertragungen, doch auch diese waren ohne Erfolg. Gott ließ uns hängen, so mein Gefühl und meine Gedanken. Richtig schlimm war es dann, den neugeborenen Neffen zu sehen und die stolzen und glücklichen Blicke meiner Schwiegereltern. Ich war enttäuscht, wütend und verletzt und konnte nicht mehr an Gott festhalten.

Der letzte Schritt in der Wunschklinik sollte nun die Hormonbehandlung und das Einsetzen befruchteter Eizellen sein. Ich hatte große Angst vor diesem Schritt, aber ich wollte ein Kind, also musste ich ihn gehen.

In dem Monat, in dem die Behandlung beginnen sollte, hatten mein Mann und ich dann so viel Stress, dass wir die Behandlung auf den nächsten Monat verschieben mussten. Allerdings wollte ich meinen Eisprung auch in diesem Monat nicht einfach so vorüberziehen lassen. Jedoch viel Hoffnung hatte ich nicht. Die letzten drei Jahre waren alle Versuche erfolglos gewesen und auf Gottes Hilfe hoffte ich nicht mehr. Mein Glaube an Gott war ziemlich klein und mein Herz verschloss sich mehr und mehr.

Dennoch, Gott ließ uns nicht hängen. Er schenkte uns ein Wunder und hielt an uns, an mir fest, obwohl ich mich nicht mehr an ihn klammerte. Ich wurde in diesem Monat schwanger – und das auf natürlichem Weg. Gott ersparte uns die schwere Hormonbehandlung. Er antwortet spätestens rechtzeitig. Wir sind heute so dankbar und ich durfte erfahren, dass mich Gott trotz meiner Zweifel und meinem schwindenden Vertrauen nie losließ und er mich dennoch liebt.

Er hat seinen eigenen Weg, auch wenn wir ihn nicht immer verstehen. Und wenn der Weg noch so steinig ist, gibt es einen Gott, der uns hält und eingreift, wenn er merkt, dass es Steine gibt, die wir nicht mehr übersteigen können. Er hält an uns und seiner Zusage fest: »Ich bin bei euch alle Tage, bis an der Welt Ende« (Matthäus 28,20).

Nun halte ich meine Kinder im Arm, mein Herz sprudelt über vor Freude und ist so leicht. Der Herr hat uns die besten Geschenke gemacht. Mein Vertrauen in Gott habe ich zurückgewonnen. Es dauerte einige Zeit, aber ich kann wieder mit Gott leben und ihn aus vollem Herzen lieben. Es waren viele Gebete notwendig, der Weg war lang. Gottes Pläne für uns sind oft anders, als wir sie uns vorstellen. Trotz dieser ganzen Phase des Hoffens, Trauerns und Bangens hat Gott gewirkt. Im Nachhinein kann ich sagen, dass ich viel über mich gelernt habe. Ich kann mit Anderen in ähnlichen Situationen reden, sie mehr verstehen, ihnen zuhören und kann sie auf ihrem Weg begleiten und für sie beten, wenn sie es nicht können.

Bei Gott geschieht nichts umsonst. Er ist bei denen, die an ihn glauben, aber auch bei denen, die in einer Phase des Lebens stecken, in der ihr Glaube nicht so groß sein kann. Gott ist dennoch da und tut Wunder. Heute sind wir überglücklich und dankbar für unsere drei gesunden Wunschkinder.

Der Herr aber ist es, der selbst vor dir hergeht, er wird mit dir sein und wird dich nicht aufgeben, noch dich verlassen; fürchte dich nicht und erschrick nicht!

5. Mose 31,8

MICHAEL DINTER

6 Dennoch bestanden

Ich bin in Hamburg geboren und aufgewachsen und habe dort die ersten 25 Jahre meines Lebens verbracht. Ein Vorteil der Großstadt ist, dass man sich mit Bus und Bahn gut fortbewegen kann und so überall hinkommt, wo man hin möchte. Deshalb hatten weder meine Eltern noch ich einen Führerschein. Und ich sah auch keine Veranlassung dazu, an diesem Punkt in meinem Leben etwas zu verändern. Zudem machte es mir Angst, in einem Auto im Großstadtverkehr mitzumischen. Ich am Steuer und aktiv mittendrin? Nein, das musste nicht sein.

Doch dann kam alles anders als ich es geplant hatte. Mit 22 Jahren begann ich meinen Zivildienst. Langsam aber sicher erkannte ich, dass ich nach dieser Zeit auf eine Bibelschule gehen sollte und anschließend in den hauptamtlichen Dienst. Nachdem ich mich an den Gedanken gewöhnt hatte, machte Jesus mir in meinem Herzen klar, dass es nun auch sinnvoll wäre, wenn ich einen Führerschein und ein Auto hätte. Das, was ich nie wollte, wollte Gott von mir.

Ich brauchte ein paar Tage, um mich auf dieses Abenteuer einzulassen. Dann meldete ich mich gegen alle inneren Widerstände dennoch bei der Fahrschule an. Oh ja, ich weiß noch genau, wie ich mit zitternden Knien und schlotternden Beinen die zwei Kilometer zur Fahrschule gegangen bin. Aber es war mir nicht möglich, mich gegen Gottes Führung zu stellen. Gerade in beruflichen Entscheidungen waren meine Gedanken und Wünsche oft anders als die von Jesus.

Aber zurück zum Führerschein: Es hat einige Monate und Prüfungen gedauert, bis ich meinen »Lappen« in den Händen hielt. Die Theorie war kein Problem. Die praktischen Prüfungen kann ich genau an einer Hand abzählen. Im fünften Anlauf hatte ich endlich bestanden. Nun hatte ich es geschafft und die Freude und Erleichterung über die bestandene Führerscheinprüfung war groß.

Mündliche und praktische Prüfungen sind nach wie vor ein Gräuel für mich. Bis heute hat sich daran nichts geändert.

Auch wenn ich diese Prüfungsgeschichte heute locker sehe, ging sie damals vor fast vierzig Jahren nicht spurlos an mir vorbei. Die zweite und vierte nicht bestandene Führerscheinprüfung wurde für mich auch zur Glaubensprüfung. Ich haderte einige Zeit mit Jesus, wollte von ihm nichts wissen und war recht niedergeschlagen. Aber jedes Mal holte Gott mich wieder aus meinem Loch heraus und stellte meine Füße auf festen Boden. Und das Leben ging weiter, weiter mit ihm. Heute bin ich dankbar für die Bewahrung, die ich auf den tausenden von gefahrenen Kilometern mit dem Auto erlebt habe. Gott sei Dank! Außer ein paar Gartenzäunen und einem Wildunfall sind keine größeren Schäden passiert.

Doch wozu all diese Prüfungen und Ängste, die damit verbunden waren? Es sollte seinen Sinn haben. Ich brauchte den Führerschein unbedingt, denn ohne dieses Dokument wäre auch mein Berufsleben anders verlaufen. Ich war und bin auf das Auto angewiesen, auch wenn ich bis heute nicht gerne fahre und längere Strecken lieber mit der Bahn genieße. Und viele Jahre später konnte ich mit meinen Erfahrungen auch einigen

Personen helfen, die ihre Führerscheinprüfung ebenfalls nicht bestanden hatten. Vielleicht wollte Jesus mich auch zum Trostpflaster für andere werden lassen. Manchmal braucht Gott eben einen Führerschein.

* * * * * * * * * * * * * *

Vertraue auf den Herrn!
Sei stark und mutig,
vertraue auf den Herrn!

Psalm 27,14

* * * * * * * * * * * * * *

CORINNA BENDER

7 Dennoch glauben wir an mehr

Zehn Jahre lang haben wir uns vorbildlich darauf vorbereitet, den Weg in die Selbstständigkeit zu gehen und ein Traditionsunternehmen in eine frische Zukunft zu führen. Das Fachgeschäft für Musikinstrumente besteht seit über 115 Jahren und mein Mann hat sich vom langjährigen Mitarbeiter mit wachsenden Verantwortungsbereichen zum Unternehmensnachfolger entwickelt. Die Übernahmeverhandlungen wurden von externen Beratern begleitet, der Businessplan als solide und zukunftsfähig bewertet und das Unternehmen schließlich zum 1. Februar 2020 in unsere Hände übergeben.

Es war der erste Schritt zur Erfüllung eines Traums, zur Verwirklichung einer Vision, die uns schon lange auf dem Herzen lag. Wir haben mit diesem Schritt gerungen, viel darüber gebetet, ihn geprüft und sind schließlich im Glauben diesen Schritt gegangen.

Nur sechs Wochen später begann eine der größten Herausforderungen der Unternehmensgeschichte, der Weltwirtschaft und unseres Lebens. Das letzte Mal war unser Unternehmen aufgrund des zweiten Weltkrieges in den 1940er Jahren geschlossen worden, diesmal aufgrund des ersten Corona-Lockdowns. In unserem Businessplan stand nichts von einer Pandemie, Lieferengpässen, Versammlungs-, Veranstaltungs- und Singverboten, nichts von Ukraine-Krieg, Inflation und stetig sinkender Kauflust.

Geschäftsführung im Krisenmodus – das ist nun seit über drei Jahren unser Alltag. Das Unternehmen besteht noch. Wir sind nicht müde geworden, kreative Lösungen zu finden und neue Wege einzuschlagen. Ja, es ist hart – und ja, es bereitet schlaflose Nächte, unternehmerisch und finanziell Tag für Tag ein hohes Risiko einzugehen. Rein menschlich gesehen war es der denkbar schlechteste Zeitpunkt, eine Unternehmensnachfolge anzutreten.

Doch wir sehen diese Geschichte nicht rein menschlich. Die Bibel ist voll mit Gottes Zusagen zum Thema Versorgung. Die Frage ist, ob wir Gottes Wort wirklich ernst nehmen und ob wir es über das Sichtbare stellen können. Die Welt um uns herum sagt: »Wenn wir etwas nicht sehen oder fühlen, ist es nicht da.« Jesus sagt uns, dass wir uns aus Glauben zu eigen machen können, was er aus Gnade bereits gegeben hat. Es ist ein biblisches Prinzip, erst zu glauben und im Glauben zu handeln, *bevor* etwas sichtbar wird.

Es geht weder darum, sich bockig und trotzig der Realität zu verschließen, noch darum, Nöte weg- oder schönzureden. Es geht darum, an Wahrheiten festzuhalten, die über unseren Nöten stehen. An mehr zu glauben als nur an das Sichtbare. Wir glauben an mehr. Wir glauben, dass man inmitten eines Sturmes dennoch im Zentrum von Gottes Willen stehen kann, und wir glauben, dass der Sturm vorübergeht.

Es gibt eine Realität und eine Wahrheit. Manchmal liegen diese beiden Dinge sehr weit auseinander. Und dennoch kann die Wahrheit zu unserer Realität werden, wenn wir sie über alles andere stellen. Unsere Geschichte ist noch nicht zu Ende, aber wir schreiben sie mit Gott zusammen und wir vertrauen auf die Wahrheit, dass er unser Versorger ist.

INGRID KRETZ

8 Dennoch ein Licht in der Dunkelheit

Es ist schon viele Jahre her, wir waren jung verheiratet und machten Sommerurlaub in Portugal. Feiner Sand, glitzerndes Meer, Sonne und unbeschwerte Tage lagen vor uns. Wir genossen die Ferien und brachen eines Mittags zu einer Strandwanderung auf.

Nach einer längeren Strecke gelangten wir an eine Stelle, wo ein kleiner Fluss ins Meer mündete. Er war nicht breit, vielleicht 20 oder 30 Meter, und wir beschlossen, da wir Hemd, Hose und Kleid trugen und einen Fotoapparat dabeihatten, die wenigen Meter nicht zu durchschwimmen, sondern zu umgehen. Hätten wir uns doch für die erste Version entschieden ...

Wir bogen landeinwärts ab und gelangten kurz darauf ins Flussdelta. Das Wasser war nicht tief, mal reichte es nur bis zu den Knöcheln, mal bis zu den Knien. Wir hatten das nahe gegenüberliegende Ufer immer im Blick. Gleich würden wir auf der anderen Seite sein. Der sandige Untergrund war uneben, was uns nichts ausmachte. Erschreckender war dagegen das Flussgetier, Krebse und was alles da um uns herumschwamm oder aus Löchern kroch. Immer wieder schauderte es mich, und ich befürchtete, gebissen zu werden, was mein Mann lachend kommentierte.

Kaum, dass wir dachten, jetzt sind wir am anderen Ufer angelangt, tat sich wieder eine andere tiefe Stelle in der Deltamündung auf, die wir umlaufen mussten. Wir fanden es lustig, waren weder müde noch durstig, und gelangten nach und nach in ein weitläufiges Gebiet, einzig mit Wasser und Sand gefüllt, umrahmt von einem schräg ansteigenden Ufer. Die Zeit verrann und noch immer waren wir voller Hoffnung, an die andere Seite zu gelangen. Aber wo war jetzt die andere Seite? Vom Meer war längst nichts mehr zu sehen. Hatten wir bisher geglaubt, bei Bedarf wieder umkehren und unseren Strandspaziergang abbrechen zu können, so mussten wir uns eingestehen, dass wir längst die Orientierung verloren hatten.

Inzwischen mussten Stunden vergangen sein. Das Licht im Flussdelta hatte sich verändert und irgendwie auch der Himmel. Er war nicht mehr so strahlend blau, sondern blass, leicht rötlich, bis er ins Dämmrige wechselte. In mir machte sich Panik breit. Wo waren wir? Wie konnten wir aus dem Flussdelta gelangen? Vom gegenüberliegenden Ufer war längst keine Rede mehr. Überhaupt ein Ufer zu erreichen, war unser einziges Ziel. Wir hatten uns hoffnungslos verlaufen, waren verschollen im Mündungsdelta. Im Stillen sandte ich Hilferufe zu Gott, er möge uns doch einen Weg zeigen, ein Wunder tun, uns ins Hotel beamen oder was auch immer ... auf jeden Fall raus aus dem Wasser!

Was würde werden, wenn die Nacht kam? Dass das nicht mehr lange dauern konnte, wurde uns jetzt schlagartig klar. Rumheulen wollte ich nicht, das hätte nichts genützt. Dann hätte mein Mann mich nur beruhigen müssen, obwohl er inzwischen selbst erschrocken war.

Wann würde auffallen, dass wir nicht mehr ins Hotel zurückgekehrt waren? Würde uns jemand suchen? Und vor allem – wo sollte dieser Jemand uns suchen? Wer würde uns hier vermuten? Fragen über Fragen schwirrten in meinem Kopf mit all den Gebeten, die ich gen Himmel schickte, während wir weiter durchs Wasser wateten.

Plötzlich sahen wir in der Ferne ein Licht in der Dunkelheit. Es war oberhalb einer Felswand an einem schroffen Ufer. Verzweifelt sahen wir uns nach einer Möglichkeit um, dorthin zu gelangen. Dort oben stand ein einziges Haus mit erleuchteten Fenstern. Kein Wunder, war es doch schon ziemlich dämmrig geworden. Wir hatten jegliches Zeitgefühl verloren. Ich weiß nicht mehr, ob wir überhaupt eine Uhr dabeihatten, denn im Urlaub brauchten wir nie eine und so unbekümmert wie wir waren erst recht keine am Strand.

Mein Mann entdeckte plötzlich einen Pfad, der offenbar aufwärts Richtung des Gebäudes auf der steilen Küste führte. Tatsächlich, als wir hochgeklettert waren, standen wir schließlich erschöpft vor einem einsam gelegenen Haus. Es schien bewohnt. Ohne lange zu zögern klingelten wir.

Ein Mann öffnete uns die Tür und fragte uns freundlich und auf Englisch nach unserem Anliegen. Wir antworteten ihm ebenfalls in Englisch, erklärten, dass wir uns dort unten hoffnungslos verlaufen hatten, und baten ihn, er möge uns ein Taxi bestellen. Das tat er, ohne zu zögern, und wünschte uns alles Gute.

Das Taxi holte uns ab und wortlos starrten wir aus den Fenstern. Es war vollkommen dunkel und ein Blick auf den Taxameter zeigte, dass es einige Kilometer Autofahrt zum Ziel brauchte. Wohlbehalten ins Hotel zurückgekehrt, musste der Taxifahrer noch einen Moment auf sein Geld warten, denn wir hatten keines dabeigehabt. Wir waren ja nur zu einem lässigen Strandspaziergang aufgebrochen.

Wir dankten Gott, dass er uns tatsächlich ans rettende Ufer gebracht, uns nicht enttäuscht und unser Abenteuer zu einem guten Ende geführt hatte.

PETRA ANDREAS

9 Dennoch singen, danken und loben

Mit dir, mein Gott, kann ich über Mauern springen.« Dieses Bibelwort aus Psalm 18 wünschte ich mir zu meiner Ordination. Denn dahin zu kommen war ein Hürdenlauf gewesen. Da waren meine Kurzsichtigkeit und Schwerhörigkeit, mit denen ich durch die Schulzeit und eine Lehre, durchs Studium und die kirchliche Ausbildung ging. Da war der frühe Tod meines Vaters und die Hilflosigkeit meiner Mutter in den Jahren danach. Da war der Augenarzt, der mir beiläufig sagte, ich würde allmählich erblinden. Zu diesem Zeitpunkt war ich 23 und hatte das Gefühl, mir würde der Boden unter den Füßen weggezogen. Mit einer progressiven Erkrankung kann man nicht Pastorin werden.

Aber da waren auch Gott und mein Glaube an ihn. Kurz nach dem Tod meines Vaters lernte ich eine christliche Jugendgruppe kennen. Dort wurde der feste Grund der Liebe und des Erbarmens Gottes in mein Leben gelegt. Ein Grund, auf dem ich seither stehe, zuweilen auch gestolpert und auf die Nase gefallen bin – und auf dem ich stets neu von Gott liebevoll aufgerichtet wurde.

Mit seiner Hilfe schaffte ich es dennoch, Pastorin zu werden. Etwa zehn Jahre durfte ich als Gemeindepastorin arbeiten. Dann holte mich meine Erblindung ein und machte eine Weiterarbeit dort unmöglich. Längst hatte ich schon vorher mit den kleinen Abschieden kämpfen müssen, wenn wieder ein Stück meines Sehens wegbrach. Die Frage nach dem Warum setzte mir zu und es gab Zeiten voller Tränen und Vorwürfe gegen Gott. Dennoch, mit allen Fragen, Zweifeln und Verlusten fand ich mich zuletzt wieder von Gottes starken Armen aufgefangen und wurde neu von ihm ermutigt.

Die E-Mail-Seelsorge wurde meine neue Aufgabe. Ein PC mit spezieller Software ermöglichte mir das Arbeiten. Sosehr mich diese Arbeit ausfüllte, so sehr führte sie mich oft bis an die Grenzen meiner Kraft. Blind zu leben ist nicht leicht, zumal ich darüber hinaus an einer Schmerzerkrankung leide. Mit Gott über Mauern springen? Dennoch?

Dennoch! Weil Gott mir täglich über meine Mauern hilft. Vor Jahren habe ich die Kraft des Singens, Dankens und Lobens für mich entdeckt. Ganz bewusst habe ich mich seitdem Tag um Tag in diesen Dreiklang eingeübt und gemerkt, wie gut mir das tut. Ob ich nun zuversichtlich oder mutlos, traurig oder fröhlich bin, ganz gleich also, wie es mir geht: Mein Tag beginnt mit Singen. Wenn das erste Lied noch nicht so recht will, klingt das zweite schon besser und beim dritten spüre ich, wie nicht mehr nur der Mund, sondern auch das Herz mitsingt. Inzwischen kann ich viele Gesangbuchlieder auswendig und habe manchen Schatz darin gefunden. Genauso habe ich mich bewusst ins Danken eingeübt. Nicht nur für Besonderes, sondern auch für die kleinen, alltäglichen Dinge, die so selbstverständlich scheinen, ohne es zu sein.

So viele Zeichen der Güte Gottes durchziehen meinen Tag, und es tut gut, sie dankend zu Gott zu bringen. Das führt gleich weiter zu seinem Lob. Damit blende ich die oft bedrückende Realität meines Alltags nicht aus und mache die Mauern nicht klein, die vor mir stehen. Aber ich richte meinen Blick von ihnen weg auf den großen Gott, der mich liebhat.

Ich setze ihnen mein Dennoch entgegen. Das Dennoch des Singens, Dankens und Lobens, mit dem mir Gott über die Mauern hilft.

• • • • • • • • • • • • • • • •

Großer Gott, wir loben dich, Herr, wir preisen deine Stärke.
Vor dir neigt die Erde sich und bewundert deine Werke.
Wie du warst vor aller Zeit, so bleibst du in Ewigkeit.

Alles, was dich preisen kann, Kerubim und Serafinen
Stimmen dir ein Loblied an, alle Engel, die dir dienen,
Rufen dir stets ohne Ruh': »Heilig, heilig, heilig!« zu.

Heilig, Herr Gott Zebaoth! Heilig, Herr der Himmelsheere!
Starker Helfer in der Not! Himmel, Erde, Luft und Meere
Sind erfüllt von deinem Ruhm; alles ist dein Eigentum.

Ignaz Franz

• • • • • • • • • • • • • • • •

JOSEF MÜLLER

10 Dennoch verkünde ich das Evangelium

Seit dem Erscheinen meiner Biografie *Ziemlich bester Schurke*, die zum Bestseller und in mehrere Sprachen übersetzt wurde, bin ich in Gemeinden, Universitäten, Schulen, Gefängnissen und Firmen unterwegs, um meine Geschichte der Umkehr vom Millionär zum wahren Reichtum, dem Leben mit unserem Herrn Jesus, zu erzählen. Allein das zu berichten, was ich in ganz Europa bisher erlebt habe, würde ein Buch füllen. Besonders liegt es mir am Herzen, mit Randgruppen wie Obdachlosen, aber auch Behinderten zu sprechen und ihnen die Hoffnung, die Gott schenkt, zu verkünden.

Im Herbst 2021 bekam ich plötzlich während meines Vortrags bei einer Veranstaltung kaum mehr Luft und spürte Schmerzen in meiner Brust. Ich konnte ihn noch beenden und war heilfroh, die Zuhörer hatten davon nichts mitbekommen. Gott sei Dank.

Am nächsten Tag suchte ich meinen Hausarzt auf, berichtete ihm von meinen gesundheitlichen Problemen des Vortrags und bat ihn um Rat. Er untersuchte mich und kam zu dem Schluss, dass es möglicherweise ein Herzinfarkt gewesen sein könnte. Er ließ mich sofort mit einem Krankenwagen aus seiner Praxis in eine Klinik bringen, die der Ursache auf den Grund gehen sollte. Um es kurz zu machen: Kein Infarkt, aber dennoch schien eine Herzkatheteruntersuchung kurzfristig angebracht. Zwei Wochen später unterzog ich mich dieser unangenehmen Prozedur – immer hoffend, dass das Problem mit ein oder zwei Stents schnell zu beheben sei und ich dann weiter on tour gehen konnte, um das Evangelium zu verkünden. Pustekuchen! Der Mega-GAU wurde mir nach der Untersuchung verkündet: »Herr Müller, ich muss Ihnen leider mitteilen, dass es mit Stents nicht getan ist. Sie benötigen eine Herzoperation, bei denen Ihnen drei Bypässe gelegt werden müssen.«

Volles Programm also. Brustkorb aufschneiden, Venen und Arterien irgendwo aus meinem Körper entnehmen und am Herzen annähen, Herz stilllegen, Herz-Lungen-Maschine, Operation am offenen Herzen. Also wirklich: Mega-GAU. Ich konnte nicht entrinnen, denn das Ganze musste so schnell wie möglich vonstattengehen.

Am 21. Dezember, drei Tage vor Weihnachten war es dann soweit. Ich nahm meinen ganzen Mut zusammen und setzte alles voll auf den Gedanken, dass mich Gott hier durchtragen würde. All in. Mit ihm durch meine Herz-OP. Voller Vertrauen und Zuversicht. Kein Gedanke der Angst im Gepäck. Null – nothing – nichts!

Auf der Intensivstation, nach der Operation, die volle acht Stunden gedauert hatte, benötigte ich zwei ganze Tage, um zu realisieren, dass ich es überstanden hatte. Ja, ich bzw. mein Körper hatte es geschafft.

Ich wurde für mein Gottvertrauen belohnt und alles war fast wieder wie früher. Fast alles – was das Herz betraf jedenfalls. Aber durch eine falsche Lagerung für fünf Tage auf dem Rücken fing ich mir einen Dekubitus, also eine Druckstelle, am Steißbein ein. Was die Mediziner auch unternahmen, hier in der Klinik und später in der notwendigen Reha das Problem war nicht aufzuhalten. Der Dekubitus wurde größer und größer und tiefer, bis zum Knochen war die Stelle am Ende offen.

Das anfängliche Herzproblem wurde zur Nebensache und der Lagerungsschaden zum Hauptproblem. Das kostete mich weitere drei Monate in einer Spezialklinik. Es folgten weitere drei Operationen und lange Wochen in einem Spezialbett, das eher einem Folterinstrument gleichkam.

Wie ich das überstand? Ehrlich gesagt: Ich hatte nur die Bibel, Gottes Wort, mit dabei. Ich las jeden Tag darin und lobte und pries Gott und seinen Sohn Jesus sowie den Heiligen Geist. Ich jammerte nicht rum und bat ihn nicht jeden Tag neu, mich von den großen Schmerzen zu erlösen. Nein! Loben zieht nach oben! Und lenkt von den eigenen Problemen ab.

Im Mai verließ ich endlich als geheilter Patient die Klinik. Diese fünf Monate brachten mich so viel näher zum Herrn als ein jahrelanges Bibelstudium. Dennoch – trotz Herz-OP und Nachfolgeschaden, trotz monatelangen Aufenthalten in Kliniken, war es für mich eine erfolgreiche Zeit mit unserem Herrn Jesus. Ich war ihm noch nie so nah. Ich fühlte, er saß jeden Tag bei mir am Bett.

Seit dieser Zeit formuliere ich so gut wie keine Gib-mir-bitte-Gebete, sondern lobe und preise ihn aus vollem Dank für alles, was er mir schenkt. Vor allem wieder ein Leben in Gesundheit und Liebe zu ihm und den Menschen. Aus Dankbarkeit für jeden Tag.

Heute bin ich wieder unterwegs und verkünde überall das Evangelium anhand meiner wilden, abenteuerlichen Lebensgeschichte … Dennoch!

ANKE GOPPOLD-JANSSEN

11 Dennoch ist das Leben schön

Freitag, 7. April, 10:30 Uhr. Ein Telefonanruf zur Abfrage des Befunds meiner Operation veränderte alles. Diagnose: Krebs.

Non-Hodghin-Lymphom sollte von nun an mein Begleiter sein. *Wer ist er? Was macht er? Nistet der sich jetzt ein? Ist er gutartig oder bösartig? Fragen über Fragen.* Google, zähes Ringen, Antworten suchend. Der Boden unter meinen Füßen erzitterte und drohte mir wegzubrechen. Schock, Verzweiflung, Tränen, Hoffnungslosigkeit, Wut, Angst. Das Gedankenkarussell drehte sich schnell, schneller, immer schneller. Pausenlos. Chemo, Haarausfall, leichenblass, von jetzt auf gleich sterbenskrank. Dem Tod näher als dem Leben. Sollte mich dies alles erwarten?

»Du bist so stark«, so war mir schon ganz oft gesagt worden. Von wegen stark, ich lag am Boden. Zerrissen, zerstört, die Leichtigkeit war plötzlich ganz schwer. Federleicht, tanzend, singend, hüpfend durchs Leben war von jetzt auf gleich vorbei. *Bin ich wirklich stark genug für das, was vor mir liegt? Was hat Gott mit mir vor?* Ich schrie, klagte, fragte warum und betete bei meinen Spaziergängen im Wald.

Alles war so ungewiss und unsicher in meinen Augen und Gedanken. Nichts war mehr so, wie es vorher war. Nein, ich war nicht die Starke, sondern Gott, mein Heiland. Durch meinen Glauben wusste ich, er ist mir treu, er ist mir nah und ich bin von ihm geliebt und gehalten, denn seine Gnade ist so unendlich weit. Da hinein sagte ich dem Krebs den Kampf an. Es folgten zwei Jahre der Beobachtung, bangen, hoffen und abwarten.

Dann war es so weit. Der Krebs war aktiv geworden. Ich konnte es spüren, ich wusste, hier stimmt was nicht. Nach vielen Untersuchungen, Arztgesprächen, einer zweiten Meinung, war klar, eine Therapie musste jetzt sein.

Tränen über Tränen, stumme Schreie, ich baute mir ein Schutzschild, Gebete, wilde Träume, all dies begleitete mich. Da hinein spürte ich eine Kraft, eine Zusage: Dennoch bin ich bei dir. Ich trage dich!

Mit dieser Zusage und mit christlicher Musik auf meinem Handy starteten mein Mann und ich den Kampf, die Fahrt zur ersten Chemotherapie. Albtraum, Stummheit, laute Stille, Ungewissheit, Unsicherheit und Angst waren zu spüren.

Im Behandlungsraum der Klinik, viele Blicke, Junge und Alte, Männer und Frauen aller Herkunft, und ich dazwischen. Schicksal über Schicksal. Leid über Leid. Hoffen und bangen, ringen und ertragen. Isolation. Dies sollte nun für ein halbes Jahr so sein. Und für weitere zwei Jahre der Nachbehandlung. Gift gegen Non-Hodghin, Non-Hodghin gegen krank, krank gegen gesund, gesund gegen Gift. Ein Kreislauf, der zum Stillstand bewegt.

Während der Behandlung setzte ich Positives entgegen. Ich wollte nicht nur die Chemotherapie bejahen, sondern wollte, dass Göttliches durch meine Adern floss. Aus diesem Grund begleiteten mich im Verlauf der Therapie Lob-, Anbetungs- und Hoffnungslieder.

Gott gab mir Kraft, Stärke und auch den Mut dies alles durchzustehen. Es ging bergauf und auch bergab, manch ein Nachbar, Fremder und manche Freundin hat es nicht geschafft. Der

Krebs bei mir wurde zurückgedrängt. Sieben Jahre sind nun vergangen. Mein chronischer Begleiter bleibt für immer in meinem Körper, in meinem Leben. Auch das Bangen und Hoffen und die Angst, aber auch die Zuversicht, die Liebe, die Kraft und die Stärke meines Gottes! Das Leben ist dennoch schön, danke, Gott!

*Alles kann ich durch Christus,
der mir Kraft und Stärke gibt.*

Philipper 4,13

MICHÈLE JOHNSON

12 Dennoch gesehen, getragen und geborgen

Unser Sohn Sam ist mit einem halben Herzen zur Welt gekommen. Eines Tages hatte er sehr starke Herz-Rhythmus-Störungen. Der Kinderarzt schickte uns sofort ins Krankenhaus. Anstatt in die Notaufnahme zu fahren, begaben wir uns direkt auf Station. Sam bekam sofort ein Bett und wurde an einen Monitor angeschlossen.

Mein Mann Jeremy und ich hatten Hunger und so machte er sich auf den Weg, um etwas zu essen zu besorgen. Während er weg war, kam ein Arzt, um Sam einen Zugang am Kopf zu legen. Kurz danach sah ich, dass er ein bisschen blau um die Lippen wurde, und wies den Arzt darauf hin. Doch der reagierte nicht. Normalerweise schrie Sam immer, wenn ihm ein Zugang gelegt wurde, doch ich bemerkte, dass er stattdessen immer ruhiger wurde. Ich sagte ein zweites Mal, dass mir das komisch vorkam. Wieder reagierte der Arzt nicht. Ich packte Sams Fuß, um die Sauerstoffsättigung am Monitor sehen zu können. Seine Füße waren noch sehr kalt von der Fahrt, sodass die Ableitung schlecht war. Sam wurde immer ruhiger und sein Gesicht aschfahl. Ich schrie den Arzt an, dass etwas nicht stimmte. Endlich hörte er auf und drehte Sam zur Seite, sodass er ihm direkt ins Gesicht schauen konnte. Sams Augen waren geschlossen und er bewegte sich nicht mehr. Sein ganzer Körper war schlaff. Ich fing an zu schreien, der Arzt rief um Hilfe und ich rannte aus dem Zimmer und brach vor der Tür zusammen.

»Mein Kind. Es atmete nicht mehr. Es ist tot.«, dachte ich und sagte: »Gott, bitte nicht. Bitte nicht. Gott, bitte nicht.«

Dann ging alles sehr schnell. Von überall kamen Menschen angerannt. Ich bekam einen Stuhl, um mich zu setzen. Immer, wenn die Tür aufging, sah ich, wie der Arzt die Herzdruckmassage fortsetzte. Ich weinte laut, zitterte am ganzen Körper und sagte immer wieder: »Gott, bitte nicht!« Mir war bewusst, dass Sam tot war, und ich war wie gelähmt. Mir wurde total schlecht.

Plötzlich hörte ich ein kindliches Weinen. Es hörte sich an wie Sam, aber ich war mir nicht sicher. Es konnte ja nicht sein. Es war unmöglich.

Dann die Nachricht: Sam lebte. Sie brachten ihn auf die Intensivstation. Ich zitterte immer noch am ganzen Körper und es fühlte sich so an, als sei ich nicht in ihm. Ich bat eine Schwester, mit mir an die frische Luft zu gehen. Auf dem Weg nach draußen kam uns Jeremy entgegen. Ich fiel in seine Arme und weinte bitterlich. Als wir draußen waren, versuchte ich ihm zu erzählen, was passiert war. Aber es verließen nur Stichpunkte meinen Mund. Nochmals brach ich auf dem kalten, gepflasterten Boden zusammen und weinte. Mir war alles egal. Es musste einfach alles raus. Durch das Weinen und Schreien hatte ich das Gefühl, zurück in meinen Körper zu gelangen.

Nach einer Weile gingen wir auf die Intensivstation, um nach Sam zu sehen. Er schlief ruhig und sah ganz normal aus. Ich sah keinen Unterschied zu vorher. Ich legte meinen Kopf auf sein Bett. Wieder wurde mir schwindelig und übel. Sein Anblick war unerträglich für mich und so verbrachte ich die nächsten drei Stunden im Wartezimmer, während Jeremy bei ihm war.

Von da an konnte ich nachts kaum noch schlafen. Wenn ich die Augen schloss, sah ich das leblose Kind vor meinen Augen. Eine Zeit lang musste ich Antidepressiva einnehmen, die mich sehr müde machten, aber mir halfen, in den Schlaf zu finden.
Dieses Erlebnis war das schlimmste, was ich bis jetzt erleben musste. Dennoch fühlte ich mich in keinem Moment von Gott verlassen. In keinem Moment fragte ich: »Gott, warum tust du mir das an?« Ich fühlte mich gesehen, getragen und geborgen und ich wusste die ganze Zeit, dass Gott direkt neben mir stand. Er war die einzige Sicherheit, die ich in diesem Moment hatte. »Du bist der Gott, der mich sieht.«, heißt es in 1. Mose 16,13. Das habe ich ganz deutlich gespürt.

Als Sam fünf Jahre alt war, erzählte er uns bezüglich des Herzstillstandes, dass er in diesem Moment bei Gott gewesen sei: »Gott hat mein Herz geheilt, seine Hand auf meine Schulter gelegt und mir gesagt, dass er mich ganz doll liebhat. Dann konnte ich wieder zurückkommen.«

Heute ist Sam sechs Jahre alt. Seine Diagnose ist fast zwei DIN-A4-Seiten lang. Bisher wurde er viermal operiert, hatte vier Herzkatheter, einen Herzstillstand und zwei schwere Blutvergiftungen. Er hat einen Herzschrittmacher, eine künstliche Mitralklappe und bekommt dreimal täglich Medikamente. Weitere OPs werden folgen.
Trotz allem geht es ihm zum jetzigen Zeitpunkt sehr gut. Er ist ein sehr glückliches, fröhliches und zufriedenes Kind und man merkt ihm seinen schweren Lebensweg nicht an. Selbst für viele Ärzte ist Sam ein großes Wunder.

MEIKE MENZE-STÖTER

13 Dennoch schenkst du Glück

Die Krebsdiagnose meines Mannes Frank traf uns hart und unerwartet. Seine Erkrankung war fortgeschritten und seine Leber bereits voller Metastasen. Er war doch erst 45 und unsere Tochter gerade sieben Jahre alt!

Bis dahin war ich immer auf der Sonnenseite des Lebens gewesen. Ich hatte mich stets als Glückskind empfunden, gesegnet, beschenkt, glücklich. Ich hatte mich frei entfalten können und alle Möglichkeiten gehabt. Das Gefühl, das uns nun so hart traf, war entsetzlich. Darauf war ich nicht vorbereitet. Heiß durchströmte es mich. Unfassbar! Die blanke Angst traf mich bis ins Mark. Der behandelnde Arzt war ruhig und hat uns trotz der fortgeschrittenen Erkrankung einen Funken Hoffnung gegeben. Das war ein Segen für uns.

In kurz aufeinanderfolgenden Abständen bekamen wir von drei unabhängigen Stellen den Vers aus Jeremia 29,11 zugesandt: »Mein Plan mit euch steht fest: Ich will euer Glück und nicht euer Unglück. Ich habe im Sinn, euch eine Zukunft zu schenken, wie ihr sie erhofft.« Ich vertraute auf meinen Gott, auf Jesus, auf den Heiligen Geist.

Ein Versicherungsvertreter kam in dieser Zeit zu uns ins Büro. Als er von unseren Umständen hörte, berichtete er, dass er seine Frau an Krebs verloren habe und er ständig um Heilung gebetet hätte. Er bat mich, dies nicht zu tun. Als ich das hörte, hatte ich meinen Frieden damit, Folgendes zu beten: »Dein Wille geschehe, wie im Himmel, so auch auf Erden.« Ich wusste, dass wir mit Gott ins Licht gehen, und betete: »Herr, ich gehe jeden Weg, den du für uns vorgesehen hast, mit dir. Aber gib du mir die Kraft, die ich dafür brauche.« Und er tat es, zur Genüge. Ich konnte darauf vertrauen, dass Gott Gutes mit uns im Sinn hatte.

Mein Mann wurde in den folgenden vier Jahren unzählige Male an Darm, Leber und Lunge operiert. Wir reisten quer durch die Republik zu renommierten Ärzten. Der Aufwand hat sich für uns gelohnt. Wir erhielten Zeit, vier Jahre. Und immer wieder hatten wir glückliche Phasen, Hoffnung, Zuversicht, Vertrauen. Unsere Familie, Freunde und Arbeitskollegen unterstützten uns, wo sie konnten, und verbrachten gerne und liebevolle Zeit mit uns. Auch ein kleiner Hund gesellte sich zu uns, wurde Teil der Familie. Wundervolle Urlaube auf einer Insel im hohen Norden von Deutschland, gemeinsam mit meinem Bruder und seiner Frau, ließen uns immer wieder auftanken. Gott segnete uns und besonders meinen Mann mit Mut, Kraft und Tapferkeit. Mich segnete er mit einer Stärke, die schon an ein Wunder grenzte. Durch mich hat er seine Kraft und Liebe auf meinen Mann geschüttet.

Ich bin Gott so dankbar für seine Liebe und Zuwendung in dieser doch so schweren Zeit. Unsere Tochter konnte den Schulwechsel von der Grundschule zum Gymnasium bewältigen und auf ihrem Weg von uns beiden Elternteilen geliebt und begleitet werden. Mein Mann hat in all den Jahren mit seiner Erkrankung ein eigenständiges Leben führen und seine Familie von zu Hause aus als bester Hausmann und Vater unterstützen können.

Immer wieder musste er aufgrund starker Chemotherapien innehalten und sich davon wieder regenerieren. Der Krebs suchte sich stets neue Wege, bis er am Ende auch den Kopf meines Mannes erreichte. In all den Jahren wich ich meinem Mann nicht von der Seite, konnte ihn zu jedem langen Krankenhausaufenthalt begleiten. Dann kam Corona und ich musste ihn allein zur ersten Kopfoperation gehen lassen. Ein schwerer Gang für ihn und für mich. Nach der zweiten Kopfoperation schloss sich die Wunde nicht mehr eigenständig und so musste mein Mann regelmäßig einen sterilen neuen Verband erhalten. Dies realisierten wir mithilfe eines Palliativdienstes einer freien christlichen Gemeinde des Nachbarortes. Welch ein Segen!

Dann setzte urplötzlich die Sterbephase ein. Von einem Tag auf den anderen geriet mein Mann in eine Verwirrung und fiel darauf in den Schlaf. Am Abend zuvor hatten wir noch das Geburtstagsgeschenk für unsere Tochter vorbereitet, die vier Tage später elf Jahre alt wurde. In dieser Nacht machte sich der Geist meines Mannes schon auf die Reise. Tag und Nacht wachten wir bei ihm. Und es breitete sich auf einmal in unserem Haus ein Segen aus, wie eine Wolke. Ein Frieden, nicht von dieser Welt. Ein Frieden, der sich um uns legte. Schützend, stärkend, Zuversicht und Hoffnung schenkend, dass mein Mann nun auf Jesus zuging und er ihn auf seinen Armen zum Vater trug.

In den darauffolgenden Tagen lag mein Mann friedlich schlafend in seinem Bett, ohne wieder das Bewusstsein zu erlangen. Familie und Freunde kamen, um sich zu verabschieden, blieben, harrten aus. Auch feierten wir den elften Geburtstag unserer Tochter mit allen Verwandten und Freunden. Der Sommer bescherte uns den heißesten und sonnigsten Tag des Jahres. Uns war es, als ob unser lieber Frank diesen Tag noch abwarten wollte, bevor er von uns ging. Und so war es auch. Einen Tag später um die Mittagszeit schlief er mit einem Lächeln auf den Lippen ein.

Ich empfand diese Zeit als einen Segen. Auch andere haben Gottes Gegenwart in jener Situation gespürt und fühlen sie auch heute noch, wenn ich meine Erfahrungen mit ihnen teile.

Gott schenkte Glück – dennoch. Auch in dunkelster Nacht leuchtete sein Licht für uns. Er hat Unglück von uns ferngehalten, trotz Leid und Krankheit. Seine Liebe ist größer als alles hier auf dieser Welt. Und ich weiß, dass er bei mir ist, egal, was geschieht. Was ich mir von der Zukunft erhoffe? Gottes Segen. Nicht mehr und nicht weniger.

* * * * * * * * * * * * * * * *

Das Glück ist nicht außer uns und nicht in uns,
sondern in Gott,
und wenn wir ihn gefunden haben, ist es überall.

Blaise Pascal

* * * * * * * * * * * * * * * *

JOACHIM MUTH

14 Dennoch handelt Gott

Ich sitze während meines Studiums am Schreibtisch und grüble: Wie soll das gehen? Wie soll ich das finanzieren? Ich habe mir vorgenommen, ein Praktikum in der offenen Kinder- und Jugendarbeit der Heilsarmee in Chemnitz zu absolvieren. Es gibt nur einen Haken: Die Kosten für das Praktikum muss ich vollständig selbst tragen. Es müssen also schnellstmöglich 800 Euro zusammenkommen. Da ich mein Studium nur dank eines Freundeskreises, der mich finanziell unterstützt, absolvieren kann, schäme ich mich, diesen um weitere finanzielle Unterstützung zu bitten. Ich kann und will diese Menschen nicht nach noch mehr Geld fragen. Es muss einen anderen Weg geben. Ich erinnere mich daran, wie Gott mich schon des Öfteren getragen und nicht im Stich gelassen hat. Trotzdem: 800 Euro sind viel Geld und müssen schnell aufgetrieben werden. Außer meiner Freundin und einer weiteren Person der Studien- und Lebensgemeinschaft Tabor, zu der ich gehöre, weiß niemand um die Situation.

Ich vereinbare mit der Hochschule, dass ich zwei Monate meine Studienkosten aussetzen darf. Somit kann ich das Praktikum bezahlen, baue aber gleichzeitig Verbindlichkeiten auf, die ich irgendwann zurückzahlen muss. Kein schönes Gefühl, wenn man sowieso immer wieder froh ist, am Ende des Monats irgendwie im Habenbereich zu sein. Dennoch – ich traue mich, aus dem sicheren Boot auszusteigen, und vertraue Gott, dass er es irgendwie möglich machen wird. Ich bete zu ihm: »Lieber Vater, ich habe das Gefühl, dass ich dieses Praktikum bei der Heilsarmee machen soll. Dennoch gehe ich mit Angst dorthin, da ich nicht weiß, wie ich es finanzieren soll. Bitte hilf mir, diese finanzielle Lücke zu überwinden, und schenke mir, dass ich dort viel lernen kann für mein späteres Berufsleben. Amen.«

Das Gebet macht mich ruhig. Gott schenkt mir Gelassenheit, sodass ich ein paar Tag später im Zug nach Chemnitz sitze. Zwei Herzen schlagen in meiner Brust: das eine, das auf Gott vertrauen möchte und das andere, das den Wunsch nach finanzieller Sicherheit immer wieder auftauchen lässt. In Chemnitz angekommen, tauche ich in eine wundervolle Arbeit ein und vergesse die finanziellen Sorgen. Am Ende der ersten Praktikumswoche habe ich Kontakt zu einer Bekannten, mit der ich per Mail hin und her schreibe. Wir tauschen uns über unseren Glauben aus. In einer der Mails schreibt sie ein P.S.: »Ich soll dir von meiner Mama sagen, dass sie dir zeitnah 1.000 Euro überweist. Sie möchte dir etwas Gutes tun!«

Ich bin wie erstarrt! Aus dem Nichts ist alles anders! Gott hat einen Menschen dazu bewegt, mir Geld zu senden, ohne dass dieser um meine Situation wusste! Am Ende war es sogar so viel, dass ich mir nicht nur die Arbeit der Heilsarmee, sondern auch Chemnitz ein wenig anschauen konnte.

Ich werde dieses Erlebnis, das 14 Jahre her ist, nie vergessen. Es zeigt, wie real Gott handelt und uns nicht im Stich lässt. In den Jahren danach gab es immer wieder solche Situationen. Zeiten, in denen ich Gott meine Not oder Herausforderungen hingelegt habe. Ich musste lernen, dass nicht immer das passiert, was ich mir wünsche. Manchmal ist scheinbar auch nichts passiert. Dennoch kann ich sagen: Nicht immer bekommen wir genau das, was wir wollen, aber das, was wir brauchen. Gott hält uns in seiner Hand! Oftmals erkennen wir dies erst im Rückblick. Deshalb ist es so wichtig, dass wir wie die Psalmbeter Gott unsere Klagen bringen, aber dabei nie vergessen, was er uns schon Gutes getan hat. Denn gerade diese Dennochs, diese Highlights mit Gott, stärken unseren Glauben und helfen uns, neue Herausforderungen im Vertrauen auf Gott anzugehen.

*Denn euer Vater weiß genau,
was ihr braucht, schon bevor
ihr ihn um etwas bittet.*

Matthäus 6,8b

KERSTIN GRIESING

15 Dennoch wird das Dunkel hell

Am Nachmittag des Karsamstags schreibe ich diese Zeilen. Heute Abend treffen wir uns ein letztes Mal für dieses Jahr mit der Fastengruppe. Von Aschermittwoch an sind wir wöchentlich für eine halbe Stunde in einem kleinen Kreis zusammengekommen, um uns über unser Fastenvorhaben auszutauschen und einen geistlichen Impuls zu erhalten.

Es geht beim Fasten darum, Gewohnheiten infrage zu stellen, neue Verhaltensweisen einzuüben und dem auf die Spur zu kommen, was und wer ich bin. Mich zu befreien von dem, was mich im Alltag oft einzwängt und mir Zeit raubt. So habe ich mich losgesagt von Fleisch, Schokolade, Alkohol und Instagram. Das hat erstaunlich gut geklappt. Ich habe Zeit gewonnen und mich tatsächlich befreiter gefühlt. Diesen Gewinn wollte ich nutzen, um Gott wieder näher zu kommen. Ihm zu erzählen, was mich bewegt. Ihm zuzuhören. Gott nahe zu sein. Ich glaube, dazu ist ein Rückzug in die Stille gut. Jesus ging in die Wüste, um mit Gott ins Gespräch zu kommen. Gott will sich finden lassen. Und ich will mich finden lassen von Gott. Das gelingt nur abseits des oft hektischen Trubels. Die Karwoche, die auch stille Woche genannt wird, bietet dazu Gelegenheit.

Einmal mehr ist mir in diesem Jahr bewusst geworden, wie sehr beides zu unserem Leben dazugehört: das Leid und die Freude. Aus dem »Ans Kreuz mit ihm!« wird ein »Der Herr ist auferstanden!«. Ein Wechselbad der Gefühle. Die Dunkelheit und das Licht. Es passiert so viel Wunderbares und Schönes in meinem Leben. Oft nehme ich es als selbstverständlich hin. Doch wenn dann andere Tage kommen, wird mir bewusst, wie viel Glück und Segen ich schon erfahren durfte. So vieles, für das ich meinem Gott dankbar bin. Aber sieht er mich auch, wenn es mir schlecht geht, ich mir Sorgen mache? Manchmal frage ich: »Gott, wo bist du denn jetzt, wo ich mich so ohnmächtig fühle? Du siehst doch, welche Steine auf meinem Weg und auf meinem Herzen liegen. Warum bist du mir so fern? Antworte doch. Hilf doch! Bleib bei mir, Herr!«

Morgen früh feiern wir die Osternacht. Hören vom Engel, der den Stein wegrollt und sich darauf setzt: »Fürchtet euch nicht. Christus ist auferstanden!« Im Dunkel machen wir uns auf den Weg zur Kirche, im hellen Licht treten wir hinaus in den neuen Tag und ins Leben und freuen uns an den Worten des Engels. Darauf hoffe ich, immer wieder: Gott hilft mir, die Steine aus dem Weg zu räumen. Die Hoffnung stirbt zuletzt, heißt eine Redensart. Nein, seit Jesus auferstanden ist, wissen wir, dass die Hoffnung nie stirbt. Aus Furcht wird Hoffnung. Aus Nacht wird Tag. Es bleibt nicht dunkel. Die Sonne geht auf und vertreibt die Schatten. Dennoch!

ANDREAS FRIEDRICH

16 Dennoch in Gottes Händen – auf ewig

Die Diagnose war niederschmetternd. Vor Kurzem erst hatte sie die Arbeitsstelle gewechselt, und alle hatten das Gefühl: Das passt, hier ist sie richtig! Nicht lange danach plötzlich Schmerzen, Untersuchungen, schließlich verdichteten sich die Befunde zur Gewissheit. Bauchspeicheldrüsenkrebs. Sie war Krankenschwester, sie wusste natürlich, was dieser »Fleck« auf dem Röntgenbild und diese Diagnose bedeuteten. Statistisch beträgt die Rest-Lebenszeit aller Betroffenen von der Entdeckung der Krankheit an im Durchschnitt ein halbes Jahr. Fünf Jahre nach der Diagnose leben nur noch 8 von 100 erkrankten Frauen. Wahrhaftig düstere Aussichten!

Eine erste Operation misslang. Es folgte eine Chemotherapie, durch die der Tumor verkleinert werden sollte. Hoffen und Bangen, Aufs und Abs, Schmerzen und Kraftlosigkeit. Die zweite Operation gelang schließlich. Aber wie viel würde das wert sein?

Wieder neue Kräfte sammeln. Dann in die Reha. Während dieser Zeit stellten sich wieder Schmerzen ein. Die neuen Untersuchungen ergaben: schnell gewachsene Metastasen im Bauchraum, nicht mehr operabel. Und es ging immer schneller. Die Palliativversorgung begann. Erst zu Hause, nach wenigen Wochen schon der Umzug ins Hospiz, wo gerade ein Zimmer frei geworden war. Viele haben mitgehofft, gebangt, gebetet. Auf ein Wunder gewartet, auf ein bisschen mehr Zeit.

Doch die Wege, die sie gehen konnte, wurden immer kürzer. Die Worte immer weniger. Die Bedürfnisse immer kleiner. Dafür die Dosierung an Schmerz- und Beruhigungsmitteln höher. Tag und Nacht wurde sie von ihrem Mann begleitet, gehalten und getröstet. Abschied nehmen, trauern – in den vielen langen Stunden in ihrem Zimmer und an ihrem Bett. An einem Dienstagabend tat sie ihren letzten Atemzug auf dieser Erde.

Nie hat sie während ihrer Krankheitszeit gefragt: »Warum muss *ich* so eine Diagnose haben?« Nie hat sie geklagt. Im Gegenteil, sie hat ihren Mann getröstet und gesagt: »Wir haben gemeinsam eine schöne Zeit gehabt, dafür können wir dankbar sein!« Das kann nicht jeder, so aus dieser Welt gehen. Sie konnte es.

In den vielen Stunden am Krankenbett reifte der Text für die Todesanzeige. Es hat mich tief beeindruckt, als ich in der Zeitung unter ihrem Namen las:

. . . .

Auf Erden: 10.11.1962 – 21.03.2023.
In Gottes Händen: auf ewig.

. . . .

Was für eine Hoffnung! Mich erinnert dieses Bekenntnis der Hoffnung an zwei Sätze, die ich auf dem Querbalken eines alten Fachwerkhauses gelesen habe: »Dass ich sterben muss, ist ein großer Verdruss. Dass ich den Tod nicht fürchten muss, machet Christus mit seinem Tod!« Beides stimmt. Der Tod eines lieben Menschen – und irgendwann auch mein eigener – ist ein großer Verdruss. Es ist nicht leicht und wir nehmen es auch nicht leicht, dass wir sterben müssen. Natürlich hätten wir uns ein schöneres Ende vorstellen können. Natürlich gab es noch Pläne und den Wunsch nach mehr Zeit. Natürlich ist das eine traurige Geschichte. Und natürlich war es ein trauriger Abschied!

Und dennoch: Über dem Abschied lag so eine große Hoffnung, wie es nur mit Christus möglich ist. Den zweiten Satz auf dem Hausbalken hat der Apostel Paulus so beschrieben: »Was also könnte uns von Christus und seiner Liebe trennen?« (Römer 8,35). Die Antwort heißt: Nichts! Auch kein Tod! Schlichtweg nichts! Wie alle Menschen sterben auch Christen, früher oder später. Aber sie sterben anders. Sie sterben mit Hoffnung. Sie sterben ins Leben. Deshalb haben die Lebensdaten – unser Geburtstag und unser Sterbetag mit dem Bindestrich dazwischen – diese so wichtige Fortführung: »In Gottes Händen: auf ewig.«

Wie gesagt: Dieser kurze Text in der Todesanzeige hat mich tief bewegt. Einmal mehr ist der Dennoch-Glaube sichtbar geworden, mit dem Christen ihre Hoffnung auf Jesus setzen. Ich bin dankbar für ihre Geschichte – und dass ich sie hier erzählen darf!

LYDIA BILGER

17 Dennoch bete ich

In meinem Beruf als Lehrerin für Grund- und Hauptschulen begegne ich sehr viel Leid. Ich begegne jungen Menschen, Kindern, die niemanden haben, der sich um sie kümmert. In ihrer Familie werden sie nicht beachtet, sie laufen einfach mit, sind egal.

Wenn es regnet, kommen Schüler tropfnass in die Schule, weil ihnen niemand sagt, dass sie eine Regenjacke anziehen sollen. Mädchen kleiden sich, als würden sie ihre Körper verkaufen wollen, weil ihnen niemand sagt, dass sie wertvoll und geliebt sind, auch ohne sich auf diese Weise zu präsentieren. Manche bekommen zu Hause kein Frühstück. Und manchmal ist auch nicht genug Geld da, um sich beim Bäcker oder in der Schule etwas zu kaufen. Viele sind erst seit kurzem in Deutschland und beherrschen die Sprache noch nicht so, wie es für den Schulalltag nötig wäre. Und das alles ist nur das sichtbare Leid.

Um mit all den Eindrücken umzugehen, habe ich angefangen, für die Kinder und Jugendlichen zu beten. Denn das tut sonst keiner.

Ich bin in einer gläubigen Familie aufgewachsen und hatte eine Oma, die jeden Tag mindestens einmal für mich gebetet hat. Ich durfte das Privileg genießen, umbetet zu sein. Ich wurde in Liebe erzogen, genoss Aufmerksamkeit von meiner Familie, wurde wertgeschätzt.

Bei meinen Schülern ist das nicht so. Sie haben niemanden, der für sie betet. Das ist nun meine Aufgabe. Und auch mein Ziel. Durch mein Gebet und auch durch mein Handeln im Leben dieser Menschen etwas zu verändern. Ich will den Schülerinnen und Schülern nicht nur Lernstoff vermitteln, sondern ich will ihnen Liebe und Aufmerksamkeit schenken. Will sie in ihrem Tun wertschätzen.

Aber manchmal frage ich mich, ob das wirklich einen Mehrwert hat. Ob ich dem Lehrplan und meinen selbst gesteckten Zielen gerecht werde. Denn wenn ich sehe, dass die Schüler am nächsten Regentag wieder tropfnass in die Schule kommen oder dass die Mädchen sich noch immer sehr leicht bekleiden, dann zweifle ich schon daran, ob ich wirklich so einen großen Unterschied in ihrem Leben mache. Die Kinder kommen morgens nach wie vor hungrig und ohne Pausenbrot in die Schule und auch in der Sprache werden oft wenig Fortschritte gemacht.

Meine Gebete scheinen unerhört zu bleiben. Sie scheinen nichts zu bewirken. Das Leid ist immer noch da und wird eher größer als kleiner.

Und dennoch bete ich weiter für meine Schülerinnen und Schüler. Bete für Veränderung. Denn Gott wirkt. Manchmal können wir das nicht sehen, aber davon lasse ich mich nicht entmutigen. Denn ich glaube, dass Gebet Veränderung schenken kann. Das habe ich schon oft erlebt und daran halte ich fest, wenn ich in das Leben meiner Schülerinnen und Schüler schaue.

Und dennoch bete ich, auch wenn das Leid scheinbar nicht endet.

Und dennoch bete ich, auch wenn ich keine sichtbare Veränderung erlebe.

Trotzdem

Und wenn ich umsonst kämpfe
Wenn ich fruchtlos bete
Wenn ich vergeblich liebe
Wenn ich erfolglos arbeite
Wenn ich unnütz hoffe

... dann
sei du,
Gott,
meine Kraft
und Motivation,
meine Geduld
und Ausdauer,
meine Lust
und Freude.

Kurt Rainer Klein

JOHANNA ULRICH

18 Dennoch im Herzen

Ich erinnere mich noch an ihr Strampeln im Bauch unserer Mutti, als wäre es gestern gewesen. Das Baby wurde meine Schwester und von unseren Eltern auf die weibliche Entsprechung des lateinischen Angelus, »Engel«, getauft. Meine Eltern machten es mir leicht, diesen Engel zu mögen. Umsorgt und geliebt wuchsen wir in den Sechzigern und Siebzigern in der ehemaligen DDR auf. Von den Widrigkeiten der Zeit bekamen wir nichts mit und hatten eine wundervolle Kindheit.

Die enge Beziehung zu meiner gut vier Jahre jüngeren Schwester überlebte die Zeit meiner Ausbildung im 350 Kilometer entfernten Harz. Wenn ich frei hatte, fuhr ich nicht immer nach Hause, denn mein Freund lebte in Mecklenburg.

Sie war 16 Jahre alt, als ich heiratete. Mit 17 Jahren wurde sie Patin unseres ersten Kindes. Zu der Zeit wohnten wir für einige Jahre wieder in meinem Geburtsort. Ich wurde erneut schwanger. Unsere zweite Tochter wurde geboren. Die Tante wurde quasi Familienmitglied, denn mein angetrauter Theologiestudent war viel unterwegs. Oftmals zog sie dann einfach bei uns ein.

1990 wurde mein Mann ordiniert. Er war nun Pastor und wollte gern zurück ins Mecklenburgische. Der Abschied fiel den Mädchen und mir sehr schwer. Aber inzwischen hatte meine Schwester einen Beruf und ein Auto. Oft und schnell kam sie uns besuchen, spielte mit den nun drei Kindern und unterstützte uns bei den enormen Schwierigkeiten und unglaublichen Herausforderungen, mit welchen wir es in der mecklenburgischen Landeskirche zu tun bekamen. 22 Jahre später zogen wir nach Schleswig-Holstein. Meine Schwester war inzwischen ebenfalls verheiratet und hatte zwei Kinder. Gästebucheintragungen sprechen deutlich von der innigen Verbindung zwischen uns. Doch erste Schatten traten auf, denn Arbeitslosigkeit und Krankheiten machten der jungen Familie zu schaffen. Die Ehe hielt diesen Belastungen nicht stand.

Und dann erbat sie sich eine Pause. »Im Moment steh ich mir selbst im Weg, muss mir über einiges klar werden. Dabei kann mir niemand helfen«, schrieb sie. Was war los? Unsere Gespräche wurden immer flacher, bis sie am Handy verstummten. Wenn ich zu Besuch in meiner Heimatstadt war, ging sie mir konsequent aus dem Weg. Alle Einladungen lehnte sie ab. Bei Briefen wurde mir nur der Erhalt bestätigt. Ich erfuhr nie, ob sie jemals hineingeschaut hat. In mir weinte es.

Im vergangenen Jahr durften mein Mann und ich eine Auszeit nehmen. Mit dem Rad fuhren wir den sogenannten französischen Jakobsweg. Am Cruz de Ferro legte ich mit einem weißen Stein, auf welchem ihr Name stand, im wahrsten Sinne des Wortes meine Last am Kreuz ab.
Ich habe nun meinen Frieden mit ihrer Entscheidung. Innerhalb von knapp sieben Jahren ist meine liebste Lieblingsschwester immer weiter in den Hintergrund gerückt. Ganz langsam beginnt sie im Nebel der Erinnerungen zu verschwimmen. Aber vielleicht bekommen wir eine zweite Chance. In meinem Herzen hat sie immer einen Platz. Dennoch! Bleib behütet.

HANS-PETER MUMSSEN

19 Dennoch ruft mein Gewissen

Es war wie ein innerer Aufschrei: »Nein, nicht schon wieder!« Jung verheiratet eröffnete ich meiner Frau Angela inzwischen schon zum vierten Mal, mich an eine alte Schuld zu erinnern, die ich nun gern begleichen wollte.

Als Student hatte ich gelegentlich bei einer In- und Export-Firma gejobbt und dort weit mehr Stunden aufgeschrieben, als ich tatsächlich gearbeitet hatte. Der Firmenchef hatte mir vertraut, weil ich einen ehrlichen Eindruck gemacht hatte. Dieses Vertrauen hatte ich dann zu meinen Gunsten ausgenutzt. Nun wollte ich diesen Betrug wieder in Ordnung bringen.

Der errechnete Schaden ergab eine vierstellige Summe und würde unsere gesamten Ersparnisse aufbrauchen. Niemand wusste von meinen Betrügereien. Da war auch niemand, der dieses Geld von mir gefordert hätte. Es gab also tausend Argumente, die Sache einfach auf sich beruhen zu lassen. »Haben nicht fast alle als Jugendliche irgendwann mal was Dummes getan? Hat die Firma nicht sowieso genug Geld? Blamiere ich mich nicht bis auf die Knochen, wenn ich mit solch einem Geständnis zum Firmenchef komme?« Trotz all dieser Gedanken war da dieses innere Dennoch. Mein Gewissen sagte mir: »Bleib niemandem etwas schuldig.« Mein Verstand – und vor allem unsere Familienkasse – sagte mir allerdings etwas ganz anderes. Auf welche Stimme sollte ich nun hören?

Solch ein sensibles Gewissen war eine völlig neue Erfahrung für mich. Früher hatte es kaum Momente gegeben, in denen ich Gewissensbisse hatte. Wenn meine Eltern Besuch bekamen, suchte ich schon als Kind in den Mänteln nach Geld und steckte es dann ein. Meine einzige Sorge war damals, nicht erwischt zu werden. Immer den eigenen Vorteil suchen und dabei nett und vertrauenswürdig erscheinen – das war das Motto, nach dem ich lebte. Doch dann geschah etwas, womit ich nicht im Traum gerechnet hätte.

Als Musiker, der Gospelmusik liebte, wollte ich unbedingt einmal erleben, wie sich das in den amerikanischen Kirchen abspielt. Nicht, dass ich gläubig gewesen wäre, aber als Pastorenkind war Kirche für mich nichts Neues. Also flogen meine damalige Freundin und ich nach New York und bekamen Kontakt zu einer afroamerikanischen Gemeinde. Schon der erste Gottesdienst, den wir dort erlebten, brachte mein gesamtes Leben durcheinander. Die Musik war unglaublich gut, doch etwas anderes geschah, was ich kaum beschreiben, geschweige denn erklären konnte: Ich spürte, dass da jemand war, den ich nicht sehen konnte. Es war Gott. Alle Gedanken, Theorien und Theologien, ob und wie er sein könnte, waren wie weggespült. Wie ist Gott wirklich? Das war die Frage auf meiner nun beginnenden Suche nach der Wahrheit.

Ab diesem Zeitpunkt veränderte sich allmählich alles. Am Ende auch mein Gewissen. Zunächst ging es erst einmal bergab, bis ich an einem Tiefpunkt meines Lebens ankam und anfing, mich über mich selbst zu schämen. Doch genau dieser Tiefpunkt war auch der Start, nicht mehr so leben zu wollen wie früher. Dann las ich in der Bibel von dem Zöllner, Zachäus, bei dem sich Jesus zum Essen einlud. Nach dieser Begegnung wollte Zachäus all denen, die er betrogen hatte, alles vierfach zurückerstatten. Anscheinend erlebte auch ich nun etwas Ähnliches – ein Dennoch des Gewissens.

Im Laufe der Zeit hat sich dieses Dennoch auch auf andere Bereiche des Lebens übertragen. Fehler zugeben, auch dann, wenn es schwerfällt. Etwas wagen, auch wenn vieles dagegenspricht. Abwarten, selbst wenn sich schon Panik melden will. Das größte Dennoch sehe ich jedoch in Gottes Ja zu mir trotz all meiner Fehlbarkeit. Und das wiederum gibt mir den Mut, an seine guten Absichten mit uns zu glauben. Dennoch!

Und übrigens: Ich bin tatsächlich zu dem Firmenchef gegangen, um dort meine Schulden zu bezahlen. Er war verwundert, aber auch berührt und bat mich, das Geld für eine gute Sache zu spenden. Damit war unsere Haushaltskasse zwar leer, aber ich um eine Erfahrung reicher. Nämlich, dass es wichtigere Dinge gibt als eine volle Kasse.

Umwege

Was man in Büchern oft beschreibt
und auch in manchem Lied besungen;
ein jeder Mensch wird, ist und bleibt
die Summe von Erfahrungen.

Die jeder macht auf seine Weise,
als Kleinkind, Teen und auch im Alter;
ob nun daheim, im Job, auf Reise.
Das Umfeld zeigt sich als Gestalter!

Seh' mich als Kind im Garten sitzen,
zwischen Erde, Matsch und Dung
und in der Näh' den Vater schwitzen
als früheste Erinnerung.

Und was ein jeder Mensch durchschreitet,
ist Schule, Lehre, Prüfungsstress;
dem einen liegt's, der andre leidet.
Bei mir war's eher Letzteres.

Als Freunde bald Familien gründen,
schlag ich mich dann mit Süchten rum!
Versuche Ausreden zu finden,
Geh schlecht mit den Problemen um.

Die Not in vielen Lebenslagen
erzwang dann die Veränderung.
Was gab mir Kraft, was hat getragen,
was stützte mich beim Zickzacksprung?

So konnte ich auch spät erst sagen,
dass ich gelernter Gärtner bin.
Von nun an fing ich an zu wagen;
bekam die Zukunft einen Sinn.

Und so hat spät, doch nicht zu spät,
mein Leben noch einmal begonnen.
Mit Gott, der zeigt, was hilft, was geht,
wo sich Veränderungen lohnen.

Ein Schritt auf völlig neuen Wegen
hat Frau und Freunde mir geschenkt.
Und dieses Umfeld will ich pflegen
und wünsche, dass er weiter lenkt.

Die Erfahrung aus den Jahren
hat mein Leben reich verziert.
Auch, wenn nicht alle einfach waren;
er hat den Meißel stets geführt!

Matthias Blodig

CLAUDIA BÜCK

20 Dennoch gibt es Dennochs

Als ich gefragt wurde, ob ich auch eine Dennoch-Geschichte schreiben möchte, dachte ich zunächst: »Bei mir gibt es doch keine Dennochs im Leben!« – Doch dann las ich den ersten Teil des Buches *Dennoch ist Hoffnung*.

In einigen dieser Geschichten habe ich mich wiedergefunden, habe ähnliche Situationen erlebt und unter Tränen so manches Dennoch auch in meinem Leben erkannt. Ich denke, alles hat seinen Sinn. Aber der zeigt sich oft erst viel später.

Als ich 16 Jahre alt war, erlernte ich den Beruf der Arzthelferin, da ich sehr viel Spaß daran hatte, anderen Menschen zu helfen. Als meine Ausbildung beendet war, fing meine Kollegin an, mich zu mobben, sodass ich jeden Abend ziemlich fertig nach Hause ging. Ich fragte Gott, ob er nicht eine andere Aufgabe für mich hätte. Und siehe da, an der Berufsschule, auf die ich gegangen war, wurde ein Fachabitur im Bereich Gesundheit angeboten.

Ich kündigte meinen Job und drückte wieder die Schulbank, um mich weiterzuentwickeln. Während des Abiturs jobbte ich in einer Kneipe, um finanziell unabhängig zu sein. Ich verliebte mich in den Besitzer und wir sind bis heute ein glückliches Paar. Die Kneipe haben wir immer noch.

Mit 27 Jahren hatte ich zweimal hintereinander eine Venenentzündung am Bein. Mein Hausarzt schickte mich in eine

Venenklinik, um genauer zu untersuchen, woran das lag.

Nach allen Untersuchungen sagte der Arzt zu mir: »Nun, Frau Bück, Ihre Venen sind völlig in Ordnung. Sie haben irgendwo im Körper Krebs und der hat sich aufs Bein geschlagen. Lassen Sie sich mal von oben bis unten durchchecken.«

Diese nicht besonders empathisch verpackte Nachricht schockierte mich. So was? Krebs? Ich? Der spinnt doch!

Ich ging zu keiner weiteren Untersuchung und bat wieder Gott um Hilfe, ob es denn keinen anderen Weg gäbe. Dann wurde mir klar: Ich würde alles dafür tun, um gesund zu werden und auch zu bleiben. Schließlich wollte ich ja anderen Menschen helfen.

Ich fing an, mein Leben aufzuräumen und mich mit meinen Problemen auseinanderzusetzen. Gott schickte mir tolle Wegbegleiter. Ich merkte, dass ich eigenständig die Verantwortung für meine Gesundheit übernehmen musste, und setzte alles daran, mich weiterzubilden. Ich fing an, Naturheilkunde zu studieren, und machte meine Prüfung als Heilpraktikerin. Ein chinesisches Sprichwort sagt: »Lerne, als lebest du ewig, aber lebe, als müsstest du morgen schon gehen.« Heute bin ich 51 Jahre alt und noch immer gesund.

Seit 15 Jahren habe ich meine eigene Praxis und darf meinen Patienten immer gerne mit Rat und Tat zur Seite stehen. Ich helfe auch ihnen, die Verantwortung für ihre Gesundheit zu übernehmen, erkläre ihnen, wie man seine Selbstheilungskräfte aktiviert und wieder Vertrauen in die eigene Gesundheit und den eigenen Körper bekommt.

Der Körper ist das tollste Geschenk, das wir von Gott bekommen haben, dennoch muss man sorgsam mit ihm umgehen, um gesund zu bleiben. Viel Bewegung, gesunde Ernährung, positive Gedanken, ausreichend Ruhepausen, aber auch Belastung sind nötig, denn alles, was den Körper fordert, das fördert ihn auch.

Ich habe meine Berufung gefunden und bin Gott sehr dankbar dafür. Und dennoch bin ich immer auf der Suche nach neuen Herausforderungen.
Gott begleitet mich auf meinen Wegen. Bei allem, was mir bisher im Leben begegnet ist, durfte ich erfahren, dass Gott mich stets behütet und geführt hat.

*Liebe deine Geschichte,
denn sie ist der Weg,
den Gott mit dir gegangen ist.*

Leo Tolstoi

IRMGARD MARLENE BLOCK

21 Dennoch ist Gott die Liebe

Gott ist die Liebe, er liebt auch mich.« Dieses Lied sang mir meine Mutter in Kindertagen vor dem Einschlafen. Meine frühe Kindheit war geprägt von Menschen, deren Leben auf dem christlichen Glauben basierte, deren Ordnungen und Werte sich auf Gottes Gebote gründeten. Am Tag meiner Konfirmation konnte ich dieses Ja zu einem Leben mit Gott auch persönlich vor der Gemeinde bekräftigen. Und mein Leben gelang: Die Mitarbeit in der Gemeinde, eine Ausbildung am Frankfurter Diakonissenhaus, die Tätigkeit als Kindergartenleiterin, meine Heirat und die Geburt unserer Kinder.

Ich spürte Gottes Handeln in meinem Leben und war geborgen in seiner Nähe. Freude, Dankbarkeit und Sorgen – alles durfte ich im Gebet zu Jesus bringen und erfahren, dass er mich trägt. »Du stellst meine Füße auf weiten Raum« (Psalm 31,9b), war eine Erkenntnis, die ich mit dem Psalmbeter teilen konnte. Ein vielfältiger Rahmen war mir gegeben. Mit Kreativität und Energie durfte ich mein Leben gestalten.

An meinem 50. Geburtstag starb mein Mann. Uns waren genau zwei Monate von der Diagnose bis zu seinem Tod geblieben. In der Woche bis zur Beerdigung saß ich viele Stunden betend an seinem Sarg. Doch als dieser in die Erde gelassen wurde, fühlte ich mich ausgeschaltet. Ich hatte drei Kinder, die um ihren Vater trauerten, drei alte und pflegebedürftige Menschen, die mich brauchten, und dazu meine Berufstätigkeit. Ich versuchte den Alltag zu meistern, doch mein Körper sagte: »Nein!« Mehrere Krankenhausaufenthalte und viele Arztbesuche folgten. Ich konnte nicht mehr, lag am Boden.

Meine Mutter und meine Schwiegereltern stürzten fast zeitgleich und wurden in verschiedenen Krankenhäusern im Umkreis von mehr als hundert Kilometern behandelt. Viele Entscheidungen für meine Familienmitglieder mussten von mir getroffen werden. Sogar eine Entscheidung über Leben und Sterben wurde von Ärzten an mich herangetragen, nachdem mein Schwiegervater drei Monate lang beatmet worden war. Ich fühlte mich ohnmächtig, doch dann nahm Gott ihn ganz zu sich. Wenige Wochen später musste ich von meiner geliebten Mutter Abschied nehmen. Meine Schwiegermutter war an Demenz erkrankt. So viel Krankheit, zu viel Abschied und Trauer innerhalb einer kurzen Zeitspanne.

Eine Distanz tat sich auf. »Gott ist die Liebe, er liebt auch mich.« Ich konnte nicht mehr singen. Meine Lebensmelodie war verstummt. Gut gemeinte Worte, Briefe und liebevolle Aufmerksamkeiten berührten mich kaum. Ich war an Körper und Seele erkrankt. Es war kalt und dunkel geworden. Ich wanderte im finsteren Tal, von dem Psalm 23 spricht.

»Wenn ich auch gleich nichts fühle von deiner Macht, du führst mich doch zum Ziele, auch durch die Nacht.« So drückt es Julie Hausmann in dem Lied *So nimm denn meine Hände* aus. Gott hat mir viel auferlegt, Gott hat mir viel zugemutet. Immer wieder versuchte ich neue Hoffnung zu schöpfen. Doch galt es auch immer wieder neue Hürden zu überwinden. Es dauerte Jahre, bis die Wogen sich glätteten.

Ganz sachte kam ein Dennoch, es wurde mir geschenkt. Es gibt keine gottfreie Zone, er hat mich durch diese Zeit getragen.

Ich darf wieder alle Anliegen vertrauensvoll im Gebet vor Gott ausbreiten und seine Geborgenheit spüren.

Dennoch: »Gott ist die Liebe, er liebt auch mich.« Heute singe ich voller Dankbarkeit dieses Lied meinen Enkelkindern.

· · · · · · · · · · · · · · · · ·

Gott ist die Liebe, lässt mich erlösen,
Gott ist die Liebe, er liebt auch mich.
Drum sag ich's noch einmal:
Gott ist die Liebe, Gott ist die Liebe, er liebt auch mich.

Ich lag in Banden der schnöden Sünde;
ich lag in Banden und konnt nicht los.
Drum sag ich's noch einmal:
Gott ist die Liebe, Gott ist die Liebe, er liebt auch mich.

Er sandte Jesum, den treuen Heiland;
Er sandte Jesum und macht mich los.
Drum sag ich's noch einmal:
Gott ist die Liebe, Gott ist die Liebe, er liebt auch mich.

Jesus, mein Heiland, gab sich zum Opfer;
Jesus, mein Heiland, büßt meine Schuld.
Drum sag ich's noch einmal:
Gott ist die Liebe, Gott ist die Liebe, er liebt auch mich.

Du heilst, o Liebe, all meinen Jammer;
du stillst, o Liebe, mein tiefstes Weh.
Drum sag ich's noch einmal:
Gott ist die Liebe, Gott ist die Liebe, er liebt auch mich.

Dich will ich preisen, du ewge Liebe;
dich will ich loben, so lang ich bin!
Drum sag ich's noch einmal:
Gott ist die Liebe, Gott ist die Liebe, er liebt auch mich.

August Dietrich Rische

DR. REINER BRAUN

22 Dennoch im Dienst des Herrn

Dass ich wirklich Pfarrer geworden bin, darüber staune ich immer noch. Als Abiturient beschloss ich, diesen Beruf zu ergreifen. Das war keine einfache Entscheidung, da meine Eltern es gerne gesehen hätten, wenn ich ihren Betrieb weitergeführt hätte.

Mit siebzig anderen Interessenten nahm ich an einer Info-Tagung meiner Landeskirche teil. Auf die Frage, ob es denn für uns Stellen gebe, wenn wir fertig seien, antwortete der zuständige Oberkirchenrat: »Fangen Sie alle an! Wir brauchen Sie alle!« Nach dem Examen gab es dann viel mehr Bewerber als Stellen. Ich sollte fünf Jahre aufs Vikariat warten. Dankbar nahm ich eine Stelle als wissenschaftlicher Mitarbeiter an und schrieb eine Doktorarbeit, in der es um die Geschichte meiner Landeskirche ging. Schon nach drei Jahren war ich fertig – und ein Platz im Predigerseminar war für mich frei. Ich freute mich auf das Vikariat und die praktische Arbeit in der Kirche. Und ich freute mich auf meinen eigenen Talar. Endlich am Ziel. Doch als wir die schwarzen Gewänder bestellten, hatte die Synode gerade beschlossen: Die Kirche braucht künftig nur noch fünfzehn von sechzig Ausgebildeten. Dennoch bestellte ich einen Talar aus einer höheren Preiskategorie, nach dem Motto: Jetzt erst recht! Mein Opa hat ihn dann bezahlt.

Nach dem Vikariat ließ ich mich ins Ehrenamt ordinieren, obwohl ich wusste, dass mich das meinem Traumberuf nicht näherbringen würde. Da war es wieder, dieses trotzige Dennoch. Mit der Ordination konnte ich mich in meiner Vikariatsgemeinde nicht nur weiterhin in der Jugendarbeit engagieren, sondern auch Gottesdienste feiern. Meine Brötchen verdiente ich als Redakteur einer theologischen Fachzeitschrift. In dieser Zeit fing der Kirchenvorstand einer vakanten Gemeinde an, um mich zu werben. Ich lehnte immer wieder ab und wies darauf hin, dass ich mich nicht bewerben durfte. Doch die Mitglieder des Kirchenvorstandes ließen nicht locker. Da sagte ich zu und sie fingen an, das Pfarrhaus für meine Frau rollstuhlgerecht umbauen zu lassen. Auch sie wussten, was Dennoch heißt!

Ich war mir sicher: Wenn Gott mich in der Gemeinde haben will, wird er mich in das Auswahlverfahren der Kirche bringen – dafür war der Notendurchschnitt entscheidend – und wird mich unter den fünf von zehn sein lassen, die am Ende eine Pfarrstelle bekommen. Die drei Tage im Auswahlverfahren waren anstrengend und nervenaufreibend. Es folgten drei Wochen des Hoffens und Bangens, die noch kräftezehrender waren – und von Albträumen begleitet. Dann kam der entscheidende Anruf: »Die Kommission hat sich gegen Sie entschieden!«

Später erzählte mir meine Frau, dass meine Mutter Angst gehabt hatte, ich könnte mir etwas antun. Daran hatte ich nie gedacht – obwohl ich vor dem beruflichen Aus stand. Studium, Promotion, Vikariat, Ordination – alles schien umsonst gewesen zu sein, vierzehn Jahre meines Lebens. Dem Vorsitzenden des Kirchenvorstands sagte ich: »Sie haben auf das falsche Pferd gesetzt!« Der antwortete gelassen: »Das wollen wir doch erst mal sehen.«

Wieder ein Dennoch. Ich wollte es nicht glauben und fragte: »Wie soll es weitergehen? Soll ich alle vereinbarten Gottesdiensttermine absagen? Soll ich den Talar an den Nagel hängen, in die Tonne werfen – oder verbrennen? Soll ich der Kirche den Rücken kehren?« Und vor allem: »Wie soll ich diese Niederlage verkraften?«

In jener Zeit öffnete sich mir die Geschichte von Jakob, der mit einem Engel ringt. Von ihm erleidet Jakob einen gewaltigen Tiefschlag. Trotzdem hält er den Engel umklammert und schreit ihn an: »Ich lasse dich nicht, du segnest mich denn!« (1. Mose 32,27b). In der Geschichte bleibt offen, ob es wirklich »nur« ein Engel ist oder nicht vielmehr der lebendige Gott höchstpersönlich! Mit einer Predigt über diese Geschichte reiste ich über Wochen durch verschiedene Gemeinden und war die ganze Zeit – nach Gott – der zweite Hörer dieser Predigt. Gott nutzte sie, um mich neu seines Segens zu vergewissern. Er hielt an mir fest. Dennoch.

In den nächsten Wochen fanden wir heraus, was seit hundert Jahren keine Rolle mehr gespielt hatte. Die Gemeinde hat einen Patron! Eine adlige Familie hat das Recht, bei der Pfarrstellenbesetzung ein entscheidendes Wort mitzureden. So besuchte ich mit dem Vorsitzenden des Kirchenvorstands ihr Schloss und stellte mich dem Freiherrn vor. Dieser unterstützte daraufhin den Wunsch des Kirchenvorstands mit Nachdruck. Die Landeskirche hatte inzwischen erkannt: Sie würde bald sehr viele junge Pfarrerinnen und Pfarrer benötigen. Und so war eines Abends der Propst am Telefon. Man wollte mir eine Brücke bauen und mich in ebendiese Gemeinde versetzen. Ich sollte schon in das für uns vorbereitete Pfarrhaus einziehen und mit dem Pfarrdienst beginnen. Ein weiteres Auswahlverfahren könne man mir jedoch nicht ersparen. Fröhlich meldete ich die Nachricht an die Kirchengemeinde, wo ich heute noch Pfarrer bin.

So staune ich noch immer, dass ich dennoch Pfarrer geworden

bin – und auch, dass ich es geblieben bin. Denn der Dienst hat sich über weite Wegstrecken als hart erwiesen und auf manchen Abschnitten meine Kräfte überstiegen. Immer wieder kamen Anfechtungen von innen und außen, die Körper und Seele betroffen und unsere Ehe gefährdet haben. Ich habe Tiefschläge erlitten, die mich an Menschen und, ja, auch an Gott haben irrewerden lassen. Und ich muss lernen, mit einer chronischen Lungenerkrankung und den damit verbundenen Einschränkungen zu leben. Aber an den Tiefpunkten ist mir immer wieder Jesus so begegnet, dass ich mich an ihm festklammern konnte, eben wie Jakob an dem Engel – oder an Gott.

Jesus ist mir der Weg geworden, der dennoch zu den Menschen führt und zu Gott. Trotz allem. Und allem zum Trotz.

JOHANNA SCHNABEL

23 Dennoch keinen Mangel gehabt

Wann und wo werde ich dieses Geschirr wohl wieder auspacken und im eigenen Haushalt gebrauchen können?« Solche und ähnliche Gedanken kamen mir immer wieder, während ich zum x-ten Mal unseren Hausrat in Kisten verstaute und für den Umzug vorbereitete.

Unser Ruhestand war in greifbare Nähe gerückt, nur noch ein paar Wochen, dann würde sich mein Mann aus dem aktiven Arbeitsleben als Pastor verabschieden. Mein 93 Jahre alter Vater brauchte Hilfe und Betreuung. Wir hatten uns entschieden, ihm in dieser letzten Lebensphase zur Seite zu stehen und zu ihm zu ziehen. Auf die gemeinsame Zeit mit ihm freuten wir uns und waren gespannt darauf.

Allerdings kamen auch beunruhigende Gedanken auf. Wie würde sich die Zeit gestalten? Würden wir den Anforderungen gewachsen sein? Und wann würden wir weiterziehen? Da zwei unserer Kinder im süddeutschen Raum bzw. in der Schweiz wohnten, dachten wir daran, später in ihre Nähe zu ziehen.

In allen Turbulenzen und Unsicherheiten erinnerten wir uns daran, dass Gott uns bisher nie im Stich gelassen hatte. Immer wieder hatten wir sein Versorgen erlebt! Wie oft waren wir total überrascht worden von Gottes Güte bei den vielen Veränderungen in unserem Leben.

So hatten wir etwa nach Beendigung unseres zwölfjährigen Missionsdienstes in Japan sofort Kontakt zu einer Gemeinde bekommen, die einen Pastor suchte, und meinen Mann nach kurzer Zeit einstellte. Als Familie kamen wir in dem geräumigen Pastorenhaus unter. Unsere drei Teenager konnten eine gute christliche Schule besuchen und wurden in der Gemeinde schnell integriert. Das trug sicherlich dazu bei, dass sie sich in diesen Jahren für ein Leben mit Jesus entschieden. Alles hatte gepasst: Arbeit, Gemeinde, Wohnung, Schule.

Bibelstellen wie 5. Mose 2,7, wo es im letzten Satz heißt: »An nichts hast du Mangel gehabt!«, entsprachen genau dem, was wir mit Gott erlebt hatten. Aus dieser Erfahrung heraus konnten wir beunruhigenden Gedanken ein Dennoch entgegensetzen. Wir entschieden uns, unserem himmlischen Vater zu vertrauen, dass er es auch dieses Mal gut machen würde.

Dann kam es ganz anders als gedacht. Noch bevor wir zu meinem Vater ziehen konnten, erlitt er einen schweren Schlaganfall, dem er eine Woche nach unserem Einzug ins Elternhaus erlag. Seinem Wunsch entsprechend, hatten wir ihn noch nach Hause geholt. So konnten wir das letzte schwere Stück auf seinem Lebensweg bei ihm sein und ihn pflegen.

Nach seinem Heimgang stand für uns die Frage im Raum, wie es nun mit uns weitergehen würde. Da weder ich noch meine Geschwister in der Lage waren, das große elterliche Anwesen zu übernehmen und entsprechend weiterzuführen, war vertraglich festgelegt worden, das Wohnhaus ein halbes Jahr nach Ableben unseres Vaters an einen Käufer zu übergeben. Wieder beteten wir um Führung und Hilfe unseres Herrn.

Als wir nur viereinhalb Monate später schon wieder einen Umzugswagen beluden, konnten wir rückblickend nur staunen, wie sich alles gefügt hatte. Genau zum richtigen Zeitpunkt hatten wir eine passende Eigentumswohnung in Süddeutschland gefunden.

Jetzt dürfen wir uns an der Nähe zur Familie freuen und staunen, wie Gott uns den Weg hierher geebnet hat. In schönen Momenten, wenn wir mit Kindern und Enkeln zusammen sind, kommt immer wieder die Dankbarkeit für Gottes gute Führung auf. Ja, es hat sich gelohnt, sich an Gottes Dennoch zu orientieren. Er hat uns wunderbar geführt und wir haben zu keiner Zeit einen Mangel gehabt.

Der Herr ist mein Hirte; mir wird nichts mangeln.

Psalm 23,1

DIETER HESSE

24 Dennoch schenkt Vergebung Freiheit

Es ist Karfreitagmorgen. Meine Frau Jutta und ich machen uns auf den Weg in eine kleine Stadt in Ostwestfalen. Es ist mir wichtig, heute etwas liebevoll abzuschließen, das mich beinahe 40 Jahre wie ein Schatten begleitet hat.

Erst vor wenigen Wochen hatte ich im Internet gelesen, dass Karl-Josef (so nenne ich ihn hier) verstorben und in der Priestergruft auf dem örtlichen Friedhof seiner letzten Dienststelle begraben wurde. Karl-Josef, immer wieder mal habe ich im Internet seinen Namen in die Suchmaschine eingegeben. Wo er gerade Dienst tat und was er gerade so machte. Aber der Reihe nach!

Heute gehöre ich zu einer Freikirche, bin aber in einer katholischen Familie aufgewachsen. Nicht nur der Kindergarten und die Schule, der ganze Alltag war katholisch geprägt und natürlich gehörte die »Sonntagspflicht«, der Gottesdienstbesuch, dazu. Naja, wer sitzt als kleines Kind schon gerne eine Stunde still in der Kirchenbank? Das war nicht so prickelnd, aber ansonsten war ich immer gerne katholisch. Ich wurde Messdiener und arbeitete aktiv in einer Jugendgruppe beim nahe gelegenen Franziskanerkloster mit.

So erschien es mir schon sehr früh nur gut, ehelos zu leben und in ein Kloster einzutreten. Mit fünfzehn Jahren besuchte ich von Zeit zu Zeit die Franziskanerbrüder vom Heiligen

Kreuz, wo ich als zukünftiger Krankenpfleger Mitglied der Ordensgemeinschaft werden wollte.

Karl-Josef war einer der Pastoren in unserer Stadt und ich diente bei ihm regelmäßig in der Messe. Als er von meinem Vorhaben mitbekam, empfahl er mir, doch einen »richtigen Orden« wie die Benediktiner kennenzulernen, und lud mich zu einer gemeinsamen Reise ein. Er wolle mir da einige Klöster zeigen. In den nächsten Ferien war es dann so weit. Karl-Josef holte mich ab und wir fuhren mit seinem Auto ein paar Tage umher, um uns das eine oder andere Kloster anzuschauen.

Aber die Klostertour war nur der Anlass für etwas, was ich mir bis dahin nicht hätte vorstellen können. Die sonst geübte Freundlichkeit von Karl-Josef war bald vorbei und ich musste ihn, »damit er wach blieb«, an diversen Körperstellen streicheln. Im vorbestellten Hotelzimmer dann schob er die zwei Einzelbetten zusammen, und ich höre heute noch die Worte: »Ich bezahle die Reise mit Geld und du bezahlst sie anders ...« Was dann folgte, kann man nicht beschreiben.

Fast ein Jahr später reiste der Kirchenchor, in dem ich sang, mit dem Zug nach Rom, um an einer Audienz des Papstes teilzunehmen und einige Konzerte zu geben. Wie ich auf einmal erschrak, als vor der Glastür unseres Jugend-Sechserabteils im Zug plötzlich Karl-Josef stand. Er war der mitreisende geistliche Beistand.

Bis dahin hatte ich mich noch niemandem anvertraut. Zu groß war die Scham und die Sprachlosigkeit. Eine unerklärliche Handlungsunfähigkeit klebte mich regelrecht fest. Ja, ich war regungslos. Bereits während unserer Klosterreise hatte er sich darüber beschwert, dass ich nicht etwas aktiver war. Und dies sollte er mir in den Tagen in Rom auch wieder vorwerfen. »Nur nicht wehren, dann ist es irgendwann vorbei«, so oder so ähnlich waren meine Gedanken.

Im Hotel in Rom angekommen wurde die Zimmerverteilung vorgelesen. Unfassbar. Ich bekam die »Ehre«, die Nummer zwei im Doppelzimmer des Herrn Pastor zu sein. Schon bei seiner Anmeldung hatte er das so eingefädelt. Obwohl mein bester Jugendfreund, mit dem ich sonst alles teilte, in Rom dabei war, konnte ich mich ihm in diesem Punkt nicht anvertrauen. Überhaupt fehlte mir oft das Selbstbewusstsein. In der Familie stand ich im Schatten meines Bruders, in der Schule war ich eher schwach, und eine breite Brust, die war bei mir nicht zu finden, eher ein gekrümmter Rücken.

Erst nach einem weiteren Mal, als Karl-Josef mich unter einem Vorwand zu sich nach Hause bestellt hatte – ich war ja schließlich ein Messdiener –, sprach ich im Nachgang meinen Vater darauf an. Vorsichtig. Aber er meinte schon nach einigen wenigen Sätzen, dass ich mich schämen sollte, solche Dinge über den Pastor zu berichten. Ende des Gesprächs. Allein. Allein mit dieser Sache.

Aber nein, nicht ganz allein! Das Erlebte brachte mich immer mehr in die Gemeinschaft mit Christus. »Er sieht das alles, er weiß die Wahrheit«, so dachte ich. Ein Bibelwort aus Daniel 2,20-22 half mir in diesen Jahren: »Daniel begann und sprach: ›Gepriesen sei der Name Gottes von Ewigkeit zu Ewigkeit! Denn sein ist beides, Weisheit und Macht. Er führt andere Zeiten und Stunden herbei; er setzt Könige ab und setzt Könige ein; er gibt den Weisen die Weisheit und den Verständigen den Verstand. Er offenbart, was tief und verborgen ist; er weiß, was in der Finsternis ist, und bei ihm wohnt das Licht!‹«

Jahre später bemerkten Mitarbeiter am Rande eines Seminars meine Verbitterung über diese Sache und halfen mir geduldig, Karl-Josef zu vergeben. Vergeben, das können wir einseitig, ohne dem anderen zu begegnen. Vergeben, den Anderen loslassen, um selbst wieder frei zu werden. Nicht einfach, aber unbedingt notwendig. Das Erlebte ist schlimm! Dennoch ist Vergebung die einzige Chance, wieder frei zu werden! Und trotz allem Vergeben und Loslassen schaute ich in den vergangenen 40 Jahren immer wieder einmal im Netz nach Karl-Josef. Aber, wie wundersam, der Groll und die Verletzung, Christus hatte sie mir abgenommen.

Für den Karfreitag hatte ich mir gewünscht, irgendwo an einer Tankstelle eine Rose als liebevollen Abschiedsgruß zu besorgen. Aber da es ein Feiertag ist, haben die Tankstellen, sofern überhaupt geöffnet, keine Blumen. Dreihundert Meter vor dem Friedhof finde ich noch eine Tankstelle – und in einem Eimer steckten fünf einzelne rote Rosen, wie wunderbar. Jutta und ich kaufen eine. Die ist für Karl-Josef. Ein letzter Gruß. Nun kann ich ihm leise zuflüstern: »Es ist alles vergeben in meinem Herzen.«

ANNA-LENA RINK

25 Dennoch findet er mich

Als ich am Freitagabend vor dem Pfingstwochenende meinen Koffer packte, war ich ehrlich gesagt wenig motiviert, das ganze Wochenende lang unterwegs sein zu müssen. Ich hätte ein paar freie Tage gut gebrauchen können und fragte mich, warum ich die Pfingstferien so vollgepackt hatte.

Mein Leben hatte in den zurückliegenden Wochen wenig Struktur und Routine gehabt. Es war voll und ich schaffte es nicht, alle meine To-dos zu erledigen. Immer länger wurde die Liste an Dingen, um die ich mich noch kümmern sollte: Freunde treffen und Kontakte pflegen, mich um Umzug und Auslandsaufenthalt kümmern, Seminare vorbereiten, Griechisch und Hebräisch frisch halten, aufräumen, putzen, Gitarre üben ... Und immer öfter blieb das Feld für Zeit mit Gott oder Bibel lesen ohne Kreuzchen.

Gott war irgendwie dabei gewesen die letzten Monate, allerdings – und das war sicherlich meinem Theologiestudium geschuldet – mehr in intellektuellen Auseinandersetzungen mit Bibel und Glaube als im Gebet oder Hören auf das, was er sagt. Tief in mir drin wusste ich, dass ich mir Begegnung mit dem Allmächtigen wünschte. Schon seit Wochen. Trotz dieses Verlangens schaffte ich es nicht, ihm Raum und Zeit in meinem Alltag einzuräumen und ihn ehrlich zu suchen.

Kurz bevor wir uns als Jugendkreis zum Pfingstjugendtreffen aufmachten, betete ich noch kurz: »Ich wünsche mir, dir zu begegnen, Gott.« Auch wenn ich mich wirklich danach sehnte, waren das zu dem Zeitpunkt eher leere als aufrichtige und vertrauende Worte. Ja, ich wollte ihm begegnen und dennoch rechnete ich nicht damit, ihn zu finden.

Wenige Stunden später saß ich dann zur Eröffnungsveranstaltung mit unzählig vielen anderen jungen Menschen in einem der großen Festzelte. Ich hatte immer noch keine Ahnung, was mich hier die nächsten Tage erwarten würde, doch mit dem ersten Akkord der Band war mir klar, dass ich hier genau richtig war. Ein Gefühl von Nachhausekommen breitete sich in meiner Brust aus und ich konnte die Tränen, die meine Wangen runterkullerten, gar nicht stoppen. Es tat so gut, Gott zu singen und wieder bei ihm zu sein. Echter Lobpreis war der Ort, an dem er mir schon so oft begegnet war. Es war mein Ort der Herzensbegegnung mit Gott.

Wir sangen Lieder über den Gott, der uns in Kämpfen zur Seite steht und sie sogar für uns austrägt. Auch wenn ich selbst die zurückliegenden Wochen nicht als Kampf bezeichnet hatte, waren sie das gewesen. In den großen theologischen Fragen und in Phasen, in denen ich nicht aus vollem Herzen nach ihm gesucht hatte, hatte Gott dennoch nicht aufgehört mit mir und um mich zu kämpfen. Das wurde mir klar. Inmitten der großen Menschenmenge berührte er mein Herz ganz sanft und sagte mir zu, dass er da war, da ist und da sein wird. Dass er mich nicht vergisst.

Es ermutigt mich, zu wissen, dass Gott mich im Blick hat. Dass er ein Gott ist, der mich sieht und der seinen Blick nicht von mir wendet. Der mich findet, auch wenn ich ihn nicht ehrlich suchen kann. Er kennt mich so genau, dass er weiß, was mein

Herz braucht und wie er es tief berühren kann. Solche Momente der Gottesbegegnung sind echte Schätze. In Zeiten von Zweifeln, Sorgen, Erschöpfung und Müdigkeit können sie uns daran erinnern, dass wir einen lebendigen Gott an unserer Seite haben, der da ist, auch wenn wir ihn nicht sehen oder spüren.

*Der Herr erfüllt mein Herz mit großer Freude,
er richtet mich auf und gibt mir neue Kraft!*

1. Samuel 2,1a

BETTINA WENDLAND

26 Dennoch Teil von Gottes Familie

Eure Liebe zueinander wird der Welt zeigen, dass ihr meine Jünger seid.« Diese Aussage Jesu aus dem Johannesevangelium Kapitel 13 Vers 35 passt leider oft nicht zu dem, was ich in Diskussionen unter Christinnen und Christen wahrnehme. »An der Lieblosigkeit kann man euch erkennen«, würde es manchmal besser treffen.

Vor allem, wenn ich mir manche Kommentare in den sozialen Medien anschaue, die von Christinnen und Christen geschrieben und – wie ich befürchte – auch so gemeint sind, fühle ich mich fremd in der christlichen Familie. Hier, aber auch im echten Leben werden Dinge gesagt, geschrieben oder getan, die mich wütend und traurig machen: Menschen werden verurteilt, Gläubigen wird der Glaube abgesprochen und Kontakte und Beziehungen werden abgebrochen, weil der oder die andere eine scheinbar unhaltbare Haltung vertritt.

Dazu kommt eine schwer einzuschätzende Anzahl an Fällen von religiösem Machtmissbrauch. Manche christlichen Leiter und Leiterinnen halten ihre Schäfchen klein und inszenieren sich als scheinbar unantastbare Vertreter Gottes. Sie werden diesem Anspruch aber nicht gerecht, sondern werden schuldig an den Menschen, die ihnen anvertraut sind.

»Ich kenne die nicht«, möchte ich manchmal am liebsten rufen. »Ich gehöre nicht dazu!« – wohl wissend, dass ich aufpassen muss, mich nicht selbst in Grabenkämpfe und Cancel Culture verwickeln zu lassen. Wie oft schon habe ich angefangen, bei Facebook oder Instagram einen Kommentar zu schreiben, den ich dann doch lieber nicht veröffentlicht habe. Andererseits sind manche Positionen von Christinnen und Christen so krass menschenverachtend, dass ich gar nicht anders kann, als mich davon zu distanzieren.

»Eure Liebe zueinander« – tja, Jesus, schön wäre es, wenn das so einfach wäre. Wir sind weit entfernt von dieser Liebe und von der Einheit, die Jesus als Wesenszeichen seiner Nachfolgerinnen und Nachfolger formuliert hat.

Ein bisschen tröstet es mich, dass die ersten Jünger diesen Anspruch auch nicht erfüllt haben. Sie haben darüber gestritten, wer wohl der Größte unter ihnen sei. Und ich stelle mir vor, dass es bei diesem Streit auch recht derb zuging. Aber natürlich ist das keine Entschuldigung für uns heute, es nicht besser hinzubekommen.

Ich ringe immer wieder mit der Frage, wie ich es schaffen kann, Position zu beziehen, ohne mich in Grabenkämpfe mitreißen zu lassen. Wie ich Meinungen widersprechen kann, die ich als falsch ansehe, ohne den Menschen dahinter zu verachten oder zu verurteilen. Dieses Ringen macht mich oft müde.

Dennoch will ich nicht aus dem Blick verlieren, wie viel Gutes und Segensreiches geschieht unter Gottes Leuten. Wie viel Liebe und Barmherzigkeit Christinnen und Christen im Alltag leben. Und dennoch will ich mich nicht zurückziehen, sondern weiterkämpfen – nicht gegen, sondern für die Menschen, die Jesus unendlich liebt. So will ich auch immer wieder das Wort ergreifen, wenn im Namen Jesu Hass, Demütigung oder Verachtung gepredigt oder geschrieben wird.

Die großen Drei

Unerträglich, diese Bilder,
sie sind wieder voll
mit Hass, Gewalt und Terror,
mit Gier, Betrug und Mord.
Liebe, schrei ich, Liebe, warum bist du fort?

Unerträglich, diese Bilder,
sie sind wieder voll
von Menschen, die ertrinken,
weil niemand retten will.
Hoffnung, schrei ich, Hoffnung, warum bist du still?

Unerträglich, diese Bilder,
sie sind wieder voll
von Menschen, die sich streiten,
wer denn nun richtig glaubt.
Glaube, schrei ich, Glaube, wann wurdest du geraubt?

Inmitten dieser Bilder
geb ich noch nicht auf.
Oft unscheinbar und leise
sind dennoch Menschen da,
die trotz Hass lieben,
die trotz Hindernissen retten,
die trotz Spaltung versöhnen.

Sie werden selbst zu (Vor-)Bildern
für mich in dieser Zeit.
Will mutig neu vertrauen,
verzweifeln nicht – trotz Leid.
Glaube, Hoffnung, Liebe,
diese großen Drei,
sie fragen immer wieder:
Bist du auch dabei!?

Stefan Kleinknecht

KARL SCHMIDT

27 Dennoch dranbleiben lohnt sich

Unsere Pfarrstelle war vor einigen Jahren eine Zeit lang vakant. Ich durfte damals im Kirchenvorstand mitarbeiten. Wenn der Vakanzvertreter nicht da war, regelte der Kirchenvorstand die Arbeit. Maßgeblich hatte ich dafür zu sorgen, dass alles reibungslos ablief. Da kam zum Beispiel die Kindergartenleiterin und sagte: »Es ist jemand krank geworden, ich brauche morgen eine Putzhilfe! Wohin soll ich gehen, wen kann ich fragen?« Als sich auf die Schnelle niemand fand, sprang meine liebe Frau ein. Aus einer Aushilfe wurde zu einem späteren Zeitpunkt, eine über viele Jahre dauerhafte Beschäftigung. Wir waren im Kirchenvorstand stets bemüht, unsere Arbeit gut und gewissenhaft zu tun, und haben viel Segen erlebt. Doch bei aller guter Zusammenarbeit gab es auch so manches Mal unterschiedliche Auffassungen.

Als unsere Pfarrstelle wieder regulär besetzt war, wurde darüber nachgedacht, ob in der Gemeinde eine Evangelisation mit Pro-Christ veranstaltet werden sollte. Ein aufwendiges und zeitintensives Vorhaben, aber auch sehr bereichernd und gut. Die Abstimmung über die Veranstaltung ergab kein eindeutiges Stimmergebnis. Da aber doch die Mehrheit das Vorhaben nicht gänzlich und grundsätzlich abgelehnt hatte, wurden erste Vorbereitungen getroffen. So nahm ich an Schulungen teil und wir rechneten damit, die Veranstaltung trotzdem durchzuführen.

Ich berichtete unserem ehemaligen Vakanzpfarrer den Stand der Dinge. Nun bekam ich zu hören: »So geht das nicht. So könnt ihr eure geplante Veranstaltung nicht durchführen. Es ist dafür eine klare Mehrheit der Kirchenvorsteher erforderlich!«

Vom Stimmenverhältnis war somit das Projekt abgelehnt. Schade um die Vorbereitungszeit, auch wenn sie schön war! Sollte alles umsonst gewesen sein? Nach einigem Hin und Her kam dann der Vorschlag, doch noch einmal neu abzustimmen, was wir dann auch taten. Das Ergebnis: eine überwältigende Mehrheit stimmte zu. Unser neuer Pfarrer, der dieser Evangelisation am Anfang skeptisch gegenübergestanden hatte, stellte sich voll und ganz hinter die Entscheidung des Kirchenvorstandes. Ja, er beteiligte sich sogar an der Seelsorgeschulung. Ich habe ihn während seiner Zeit in unserer Gemeinde oft dafür bewundert, dass er letztlich doch immer alle beschlossenen Maßnahmen voll mittrug – auch, wenn eine Entscheidung nicht nach seinen Vorstellungen getroffen wurde.

War es die Mühe letztlich wert? Was hat diese Evangelisation gebracht? Was war das Ergebnis? Wie viele Personen im Einzelnen angesprochen wurden, kann ich nicht sagen, das weiß Gott allein. Aber das Dranbleiben an diesem Vorhaben hat sich gelohnt. Es kamen junge Menschen in unserer Gemeinde zum Glauben, eine Hauskreisarbeit entstand und eine Kleinkinderarbeit wurde ins Leben gerufen. Und der sogenannte Kindertreff, für Kinder im Alter von vier bis sechs Jahren, findet auch nach über 30 Jahren noch stets einmal wöchentlich statt. Er ist eine feste Einrichtung in unserem Gemeindeleben, die gerne angenommen und von Generation zu Generation weitergetragen wird. Wie gut, dass man damals noch einmal über die Abstimmung nachgedacht hat und eine neue Entscheidung getroffen wurde. Dennoch dranbleiben – es lohnt sich!

SARAH KREINER

28 Dennoch werden Träume wahr

Kennst du das? Du trägst von Kind an einen Lebenstraum in deinem Herzen, etwas, das du dir sehnlichst erhoffst?

Schon als kleines Mädchen wünschte ich mir ein eigenes Pferd. Bereits mit drei Jahren durfte ich Reitunterricht nehmen, obwohl meine Eltern nichts mit Pferden zu tun hatten. Mit elf Jahren konnte ich ein Pflegepferd namens Fine von meiner Reitschule übernehmen. Aber was hat das nun mit Gott zu tun? Mit der Übernahme von Fine begann eine spannende Zeit. Gott arbeitete bereits an meinem Traum. Sechs Jahre später, während meines Abiturs, bekam Fine ein Fohlen und genau dieses Pferd hat mich seit meiner ersten Begegnung mit ihm begeistert. Kurz nach der Geburt besuchte ich Mutter und Kind auf der Pferdekoppel. Als der kleine Hello wiehernd auf mich zu getaumelt kam, sagte ich spontan zu meinem Papa: »Das wird mein Pferd, Papa!« Da war ich mir ganz sicher. Ob mein Vater auch so fühlte? Er sagte nichts. Seine Gedanken hat er mir später mitgeteilt: »Ein Pferd ist unfassbar kostspielig und zeitintensiv. Hoffentlich geht das gut …«

Einige Monate vergingen, das Abitur hatte ich in der Tasche und ich begann ein Lehramtsstudium. Normalerweise würde man in dieser Lebenssituation sagen: »Es passt nicht, ein Pferd zu kaufen. Konzentriere dich auf dein Studium und erfülle dir deinen Traum nach dem Abschluss.« Vernünftige Gedanken, doch mein Traum sagte mir etwas anderes und der kleine Hello ließ mich nicht mehr los. Immer wieder dachte ich über einen Kauf nach und brachte mein Anliegen vor Gott. Ich betete viel und entschied mich trotz aller Umstände und Bedenken, den Schritt zu wagen und dieses Tier zu kaufen. Mein Gefühl sagte mir, dass ich das zeitlich und finanziell schaffen würde, schließlich arbeitete ich nebenher in der Reitschule – ein weiterer Lebenstraum, den Gott mir erfüllt hatte. Im Februar 2020 war es dann so weit. Ich fuhr abends los, um den Kaufvertrag für mein erstes eigenes Pferd zu unterschreiben. Ich entschied mich, das Radio auszuschalten und die Fahrtzeit von fünfzehn Minuten zum Gebet zu nutzen. Ich dankte Gott von ganzem Herzen, dass ich mich zum Kauf entschieden hatte und diesen Luxus als Studentin leben durfte. Ich bat ihn um Beistand und legte ihm auch meine Ängste und Sorgen hin. Als ich alles vor ihn gebracht hatte und mittlerweile an einem Berg angekommen war, erstrahlte der Himmel in einem unglaublichen, orangenen Licht, das sich über diesen besonderen Abend legte. Gott ist so viel größer als alle Höhen und Tiefen, meine Sorgen und Gedanken, ja, auch meine Träume. Deutlicher hätte er es mir nicht zeigen können. Einen solchen Sonnenuntergang habe ich bis heute nie wieder gesehen. Seitdem liebe ich dieses goldene Licht noch mehr. Tränen der Rührung liefen mir die Wangen hinunter und ich wusste: Gott hatte diesen Weg für mich geebnet und er begleitet mich auch weiterhin. Die zunächst freudig angespannte Stimmung auf meiner Autofahrt schwang in Erleichterung um. Dieser Abend mit seinen Farben bleibt mir unvergessen.

Heute, vier Jahre später, kann ich immer nur staunen und erzählen, dass Gott mich durch diese Entscheidung noch reicher beschenkte, als ich mir hätte vorstellen können. Mittlerweile kann ich drei Pferde mein Eigen nennen. Eines davon ist vor

Kurzem bei goldenem Licht geboren und auf Hello, dem kleinen Fohlen von damals, saß ich gestern das erste Mal. Ich bin unglaublich dankbar, dass ich meinen Traum leben darf. Er erinnert mich jeden Tag aufs Neue an Gottes Segen.

Ich möchte dich ermutigen, dennoch für deine Träume zu beten, selbst wenn sie noch so unerreichbar erscheinen. Mit Gott ist alles möglich! Lege sie bei ihm ab und vertraue auf ihn, denn er wird den Weg ebnen. Sei dankbar und er wird dich reich beschenken. Gott hört jedes Gebet und manchmal werden Träume wahr, ich habe es erleben dürfen.

. . . .

Dankt dem Herrn, denn er ist gut,
und seine Gnade hört niemals auf!

Psalm 118,1

. . . .

JUDITH SCHÄFER

29 Dennoch an meiner Seite

Von guten Mächten wunderbar geborgen erwarten wir getrost, was kommen mag. Gott ist mit uns am Abend und am Morgen und ganz gewiss an jedem neuen Tag.« Seit 37 Jahren habe ich eine Karte mit diesem Zitat von Dietrich Bonhoeffer in meinem Bibellesebuch. Auf der Rückseite steht eine Widmung meiner besten Freundin. Sie hat mir die Karte geschenkt, als ich meine Familie, sie und unser Dorf für meine Ausbildung zur Kinderkrankenschwester verlassen habe.

Meine Eltern und mein Bruder brachten mich zu meiner künftigen Wohn- und Arbeitsstätte. Was war ich aufgeregt! Es wird bestimmt ganz toll, mal schauen, was auf mich zukommt, redete ich mir immer wieder Mut zu. Während ich viele neue Menschen in der Kinderkrankenpflegeschule kennenlernte, räumten meine Eltern und mein Bruder mein Wohnheimzimmer ein. Abends fuhr ich dann wieder mit ihnen nach Hause. Ich war nur am Erzählen, wie spannend der Tag war und dass jetzt alles anders werden würde. Nachdem ich zu Hause angekommen war und auch meiner Omi alles erzählt hatte, führte mich logischerweise der erste Weg zu meiner besten Freundin. Ich brannte darauf, ihr alles genau zu berichten: vom Zimmer, der Schule, den anderen Auszubildenden usw.

Als ich nach Hause kam, wollte ich todmüde ins Bett gehen, da ich am nächsten Morgen schon um fünf Uhr aufstehen musste. Doch dann überkam es mich plötzlich und Angst machte sich breit. Ich spürte deutlich, dass sich mit dem morgigen Tag alles ändern würde. Meine Gedanken überschlugen sich förmlich. Ab morgen bist du alleine, keiner mehr da, du musst alles alleine auf die Reihe bekommen, schoss es mir durch den Kopf. Ich fühlte mich unendlich einsam und mir wurde schlagartig bewusst, dass sich keiner mehr um mich kümmern konnte. Ich musste meinen Alltag nun alleine schaffen. Keine Familie mehr um mich herum, nicht mal schnell den Berg zur Freundin runterlaufen. Alleine, ab morgen ganz alleine. Panik ergriff mich. An Schlaf war nicht mehr zu denken. Meine Eltern waren nicht zu Hause. Ich musste reden und so lief ich schnell ein Stockwerk tiefer zu meiner Omi. Die Tränen konnte ich nicht mehr zurückhalten, ich schüttete mein Herz bei ihr aus und weinte ununterbrochen. Während ich diese Zeilen schreibe, nach 37 Jahren, steigen mir tatsächlich wieder die Tränen in die Augen, als wäre es gestern gewesen. Meine Omi hat mich in den Arm genommen und versucht zu trösten, ich war nur noch am Weinen und Schluchzen. »Omi, ich will hierbleiben, ich putze euch alles, jeden Tag, ich will nicht weg ...«, war das einzige Gestammel, was ich herausbekam. So gut sie konnte hat sie versucht mich zu beruhigen. Dann kamen meine Eltern nach Hause und wieder begann ich heftig zu weinen. Viele Jahre später haben sie mir erzählt, dass es ihnen fast das Herz gebrochen hat, mich so zu sehen. Aber sie haben mich trotzdem ermutigt und mir geholfen, meinen Weg zu gehen.

Als die Ausbildung begann, habe ich die Karte von meiner besten Freundin jeden Abend in der Hand gehalten und den Spruch gelesen. Dieser tägliche Zuspruch schenkte mir zunehmend Kraft. Mir wurde deutlich, dass ich doch nicht alleine bin. Auch wenn ich nun in einer anderen Stadt lebte, wusste ich, dass Gott immer bei mir war und mich niemals verlassen würde, egal an welchem Ort ich mich auch befand.

Jedes Wochenende fuhr ich mit dem Zug nach Hause. Jede Woche das gleiche Spiel: Donnerstagabends wurde schon früh die Tasche gepackt, freudig aufgeregt ins Bett gegangen, denn morgen sollte es Richtung Heimat gehen. Am Freitag nach der Schule oder dem Frühdienst ging es auf dem allerschnellsten Weg zum Bahnhof und ab nach Hause. Wenn der Zug in meinem Heimatort einfuhr, ließ ich meinen Tränen freien Lauf. Meine Freude über das freie Wochenende mit der Familie hielt meistens nur kurz. Meine Gedanken beschäftigten sich bereits bei meiner Ankunft mit dem Abschied, denn spätestens am Montag musste ich wieder weg. Es war eine schwere und tränenreiche Zeit für mich, aber auch für meine Lieben daheim. Sie mussten stark sein, um mir den Weggang nicht noch zusätzlich zu erschweren.

Und dennoch habe ich es durchgezogen. Die täglichen Gebete meiner Familie, mein Flehen zu Gott mit der Bitte, immer bei mir zu sein, haben mir geholfen, mich in meinem neuen Leben zurechtzufinden.

In meiner Bibel habe ich ein Lesezeichen, auf dem der Vers aus Jeremia 17,14 abgedruckt ist: »Heile du mich, Herr, so werde ich heil! Hilf du mir, so ist mir geholfen.« Auf die Rückseite habe ich Folgendes geschrieben: »Gott gibt mir die Kraft, wenn ich ganz unten bin und nicht mehr weiterweiß. Gott hilft mir in allen Lebenslagen, er zeigt mir, dass ich nie alleine bin, er ist immer da, mit ihm kann ich immer reden.«

Heute kann ich sagen: Gott sei Dank für diese Familie, in der ich aufgewachsen bin, die immer für mich da war und da ist. Für diese eine beste Freundin, mit der ich seit 52 Jahren beste

Freundin bin und bleibe. All dies und das Wissen, dass ich dennoch immer bei Gott geborgen bin, hat mich zu dem gemacht, was ich heute bin.

* * * * * * * * * * * * * * * *

Stark ist meines Jesu Hand
und er wird mich ewig fassen,
hat zu viel an mich gewandt,
um mich wieder loszulassen.
Mein Erbarmer lässt mich nicht,
das ist meine Zuversicht.

Karl Bernhard Garve

* * * * * * * * * * * * * * * *

MATTHIAS ULLRICH

30 Dennoch zweifeln und glauben

Dennoch bleibe ich stets an dir, denn du hältst mich bei meiner rechten Hand« (Psalm 73,23). Vielleicht lag es daran, dass mir dieses Bibelwort zur Konfirmation zugesprochen wurde. Vielleicht war dieser Satz aber auch selbst so etwas wie ein Wegweiser für den Glaubensweg, der vor mir lag. Er wurde mein Begleiter, mein Tröster und manchmal auch mein Mahner und Kompass, wenn die Wege wieder einmal versperrt schienen.

Damals, in den 70er Jahren, war es noch so, dass wir Konfirmanden uns die Sprüche nicht selbst aussuchten. Und wir waren gespannt, welchen Satz unser Konfirmator für uns gewählt hatte. Wir grübelten, nach welchen Kriterien wohl unser Pfarrer die Konfirmationssprüche für uns aussuchen würde. Und manche befürchteten, sie könnten eine Antwort auf ihr Verhalten in der einen oder anderen Konfirmandenstunde sein. Aber da hatten wir weit gefehlt. Meist waren es Sätze der Erbauung, der Ermutigung oder der Wegweisung. Aber irgendwie doch immer passend. So empfanden die meisten es jedenfalls damals.

Ich jedoch haderte mit meinem Spruch und mochte ihn mit der Konfirmationsurkunde auch nicht an die Wand in meinem Zimmer hängen, wie andere es taten. Eigentlich ärgerte ich mich sogar. Warum nicht so ein schöner Satz wie der von Paulus: »Ich vermag alles durch den, der mich mächtig macht.« Oder die Zusage an Abraham: »Ich will dich segnen und du sollst ein Segen sein.« Stattdessen dieses »Dennoch ...«. Was wollte es andeuten? Dass ich kämpfen müsste? Dass es nicht einfach werden würde? Dass die Gefahr des Loslassens bestand? Die Urkunde verstaute ich und den Spruch vergaß ich.

Als ich Jahrzehnte später meinem damaligen Konfirmationspfarrer im Amt des Dekans nachfolgte, hatte ich den Dennoch-Satz längst wieder ausgegraben. Inzwischen war er mir zu meinem Schatz geworden, zu meinem Begleiter, den ich nun ganz anders verstehen konnte als damals. Dabei war mein Weg in das Pfarramt keineswegs vorgezeichnet. Den elterlichen Hof hätte ich übernehmen sollen oder zumindest einen Beruf wählen, bei dem ich ihn hätte im Nebenerwerb weiterführen können. Doch mich zog es in die Theologie. Nicht weil ich unbedingt in der Kirche arbeiten wollte. Nein, es war eher diese Frage, die in mir bohrte: »Was ist wirklich dran an diesem Jesus und seiner Botschaft?«

Als es sich in meinem Abiturjahrgang herumsprach, dass ich Theologie studieren wollte, erhielt ich zuerst die erstaunten oder kopfschüttelnden Kommentare meiner Freunde und Mitschüler. Dann nahm mich mein Physik-Leistungskurslehrer zur Seite: »Du hast doch was drauf, du bist doch nicht dumm. Du kannst doch auch was Vernünftiges studieren.« So oder so ähnlich erinnere ich mich an das Gespräch. Und schließlich bat mich ein honoriger älterer Herr aus unserer Kirchengemeinde um ein Gespräch. Ich war ziemlich verwundert. Er wollte mich davon überzeugen, doch besser eine Bibelschule zu besuchen. »An der Universität wirst du deinen Glauben verlieren«, waren seine Worte. Ich glaube, ich habe ihm damals so etwas geantwortet wie: »Wenn mein Glaube dem nicht standhält, dann taugt er nichts.« Und irgendwann sagte ich wohl so einen Satz wie: »Ich werde diesen Weg dennoch gehen. Und werde dennoch meinen Glauben behalten.« Da war es wieder, dieses Dennoch.

Aber damals ahnte ich noch nicht, welch eine tiefe Glaubenswahrheit dieser Satz aus Psalm 73 tatsächlich enthält. Bei Gott bleibe ich nämlich nicht deswegen, weil ich mich selbst an ihm halte, sondern weil er mich hält. Und das habe ich seitdem oft erfahren. Wo der Glaube wächst, da wachsen auch die Widerstände, die Zweifel. Wo der Glaube groß wird, da werden auch die Abgründe groß. Es ist wie bei einer Bergwanderung. Solange man sich unten im Tal bewegt, ist die Gefahr des Absturzes nicht groß. Wer sich aber auf den mühevollen Weg nach oben macht, der wird sich irgendwann an Felswänden und Klettersteigen entlanghangeln, wo hinter und neben ihm sich tiefe Schluchten und Klüfte auftun und wo die Gefahr, abzustürzen, größer wird, je höher man steigt. Und doch wird, wer sich nie auf den Weg macht, auch die wunderbaren Aussichten, die der Glaube schenkt, nie erleben.

Glaube und Zweifel gehören wohl zusammen. Der große Theologe Paul Tillich hat den Gedanken formuliert, dass der Zweifel nicht das Gegenteil, sondern selbst ein Element des Glaubens ist. Nur wer glaubt, kennt auch den Zweifel. Und nur durch den Zweifel hindurch finden wir zum Glauben. Der Glaube trägt immer ein Dennoch mit sich. Und es sind nicht wir, die ihn uns bewahren können, sondern seine Hand, die uns hält – wie einst den sinkenden Petrus.

BIRGIT ORTMÜLLER

31 Dennoch unter Gottes Schutz

Es ist ein Montagmorgen im Januar, ein kalter, trüber Wintertag. Die Weihnachtszeit ist gerade vorüber, noch ein paar Lichterketten erinnern an die vergangenen Festtage. Glücklich und zufrieden bin ich in dieses neue Jahr gestartet und voller Neugierde auf die Entwicklung unseres ersten Kindes. Unsere Tochter ist mit ihren knapp 16 Monaten ein aufgeweckter Sonnenschein und bringt viel Freude in unsere kleine Familie. Ich bin in Elternzeit und schenke ihr alle Zeit und Aufmerksamkeit. Ich bin glücklich und genieße meine Mutterrolle in vollen Zügen. Kein Gedanke daran, dass sich innerhalb der nächsten Stunden alles ändern könnte.

Schon zeitig sind meine Tochter und ich mit dem Auto unterwegs, um den Wocheneinkauf zu erledigen. Die Straßen sind frei, kein Schnee oder Glatteis. Es ist wenig Verkehr an diesem Morgen. Der Einkauf ist schnell erledigt und mit einem vollgepackten Kofferraum treten wir beide die Heimreise an. Wir fahren auf der Bundesstraße in Richtung Heimat, nur wenige Autos begegnen uns. Es geht nur geradeaus, die Sichtverhältnisse sind bestens und Gegenverkehr ist auch nicht in Sicht. Vor mir fährt ein Fahrzeug mit einem roten Kennzeichen. Noch heute, nach über 28 Jahren, kann ich mich genau an meinen Gedanken von damals erinnern. »Der Fahrer unternimmt bestimmt eine Probefahrt und ist daher so langsam unterwegs.« Ich schaue noch mal kurz auf meinen Tacho: 100 km/h, überholen kein Problem.

Nun passiert mir ein folgenschwerer Fehler. Ich verzichte auf den Seiten- und Spiegelblick und schere zum Überholen aus. Es kracht fürchterlich um uns herum. Von der Wucht des Aufpralls wird unser Auto herumgeschleudert. Innerhalb weniger Sekunden überschlagen wir uns und landen auf der gegenüberliegenden Straßenseite entgegengesetzt der Fahrbahn im Graben. Meine Gedanken überschlagen sich ebenso, können das Geschehen überhaupt nicht einordnen. Es war doch alles frei, oder etwa nicht? Während des Überschlags drehe ich mich instinktiv nach hinten zu meinem Kind. Der Aufschlag, der folgt, ist heftig. Danach vollkommene Ruhe, alles still.

Was war passiert? Durch meinen fehlenden Seitenblick habe ich nicht registriert, dass ich bereits überholt wurde. Mit hoher Geschwindigkeit berührten sich die Autos und flogen wie Spielzeugfahrzeuge hin und her. Nach diesen schrecklichen Sekunden stieg ich aus und holte unsere Tochter aus ihrem Kindersitz. Sie war ganz ruhig und unverletzt, genau wie ich. Das Auto: Totalschaden, außer den Fensterscheiben alles kaputt. Die Achse gebrochen, die Antriebswelle gerissen. Als das Autowrack vom Abschleppdienst aufgeladen wurde, brach es zusammen. Und dennoch hatten meine Tochter und ich keine Schrammen oder sonstigen Verletzungen. Auch dem Unfallgegner war nichts passiert. Sein Sportwagen hatte ebenfalls nur noch Schrottwert. Glück gehabt, könnte man sagen, für mich war es Bewahrung. Gott hat seine Hände über uns gehalten.

So wurde es Sommer, es ging uns gut und der Unfall mit seinen Schrecken war Vergangenheit. Doch das sollte sich bald ändern. Ich spürte deutliche Veränderungen an mir. Beim Kochen konnte ich plötzlich meinen Kopf nicht mehr über den Topf halten. Diese Körperhaltung war äußerst unangenehm und mir wurde sogleich übel. Mir wurde zunehmend schwindliger bei allem, was ich tat. Selbst kleinste Bewegungsabläufe fielen mir schwer. Ich fühlte mich ständig wie auf einem Schiff, der Boden schwankte gefährlich und dieses Gefühl nahm täglich zu. Manchmal hielt ich mich beim Treppenabgang krampfhaft an den Sprossen fest, wusste nicht hinunterzugehen. Eine anhaltend starke Übelkeit kam hinzu. Mein Leben wurde zusehends eingeschränkter, ich zog mich immer mehr zurück. Äußerlich konnte man nichts erkennen, innerlich war ich nicht mehr ich. Wenn unsere quirlige Tochter mich nicht täglich gefordert hätte, wäre ich vermutlich im Bett geblieben. Im Ruhezustand ging es mir einigermaßen gut. Doch sobald ich in Bewegung kam, stellten sich meine treuen Begleiter, Schwindel und Übelkeit, ein. Ich verzweifelte immer mehr, dieser Zustand kostete mich alle Kraft und ich begann mit Gott zu hadern. »Gott, bei diesem Unfall ist mir nicht ein Haar gekrümmt worden, doch das ist kein Leben für mich!« Ich kannte mich selber nicht mehr, traute mir immer weniger zu, meine Lebensfreude wich mit jedem Tag ein bisschen mehr. Viele Arztbesuche folgten, alle Untersuchungen blieben ohne Befund. Meine Leiden waren Spätfolgen des heftigen Aufpralls, der meine Wirbelsäule und mein Gleichgewichtssystem beeinträchtigt hatte.

Ein langer Weg der Genesung sollte es sein, helfen konnte ich mir nur selbst. Nach und nach lernte ich, mit meinen Einschränkungen zu leben, sie zu akzeptieren. Die Annahme und Akzeptanz veränderten meinen Körper nicht sofort, doch löste meine neue Einstellung eine Wende aus. Selbst wenn der Boden schwankte und ich fühlte, gleich hinzufallen, bäumte ich mich innerlich auf und versuchte mit festen Schritten weiterzugehen. Dennoch, immer weiter, jeden Tag ein bisschen mehr. Langsam kam mein Selbstvertrauen zurück und ich wurde immer mutiger.

Ganz langsam änderte sich mein Zustand. Auch wenn ich mit Gott immer mal wieder schimpfte und mich bedauerte, hielt er dennoch an mir fest. Ich nahm ihn einfach mit in meine täglichen Anforderungen und spürte, dass er mein Gebet hörte und mich führte. Mit kleinen Schritten fand ich wieder zurück in mein altes aktives Leben. Heute weiß ich genau, wo meine körperlichen Grenzen sind, und achte sie.

Manches ist geblieben: Ich bin dankbarer für viele Selbstverständlichkeiten im Alltag geworden. Und nach all den Jahren beginne ich noch immer jede Autofahrt mit einem kurzen Gebet um Bewahrung, selbst wenn ich nur bis zum Bäcker im Ort fahre.

Gott hat diesen Unfall zugelassen und der Weg der Genesung war nicht immer leicht. Wenn ich zurückschaue, hat mich gerade diese Krisenzeit stark gemacht und das Vertrauen zu meinem Gott wachsen lassen. Dennoch hat er mich damals bewahrt und begleitet mich auch heute, an jedem neuen Tag. Gott sei Dank!

CHRISTINE BÖSSER

32 Dennoch verlierst du mich nicht aus den Augen

Meine Dennoch-Geschichte beginnt im Sommer 2020. Mein Mann und ich konnten uns eine Auszeit nehmen – vier Wochen Zeit, Ruhe, Erholung auf einer kleinen Ostseeinsel. Selten habe ich Gottes Nähe so intensiv erlebt. Erholt an Körper, Seele und Geist kehrten wir in unseren Alltag zurück.

Aber dann infizierte ich mich im Oktober mit Corona. Nie zuvor war ich so krank, so schwach, so atemlos, so depressiv. Nach drei Wochen im Bett kämpfte ich mich langsam in den Alltag zurück, einen Alltag, überschattet von Long Covid. Und auch einen Alltag, in dem ich bei der Arbeit durch die Corona-Krise weit über das übliche Maß gefordert war: Krankheitsausfälle von Mitarbeitenden, Telefon-Bereitschaftsdienste an Wochenenden und vieles mehr. Es waren überaus intensive Wochen und Monate.

Dann, Ende Dezember, erkrankte meine im Altersheim lebende Mutter an Corona. Sie starb geschwächt durch die Krankheit, aber auch alt und lebenssatt Anfang Januar.

Einen Monat später wurde meine Schwiegermutter zunehmend schwächer, und es zeichnete sich ab, dass auch sie auf ihrer letzten Wegstrecke war. Mitte März standen wir schon wieder an einem Grab.

Ich funktionierte, kämpfte mich durch. Meine Seele war wie ein aufgewühltes Meer voller Fragen, voller Schwäche und Trauer, voller Wut und Verzweiflung.

Was gab mir trotz all den Widrigkeiten Kraft, immer weiter dranzubleiben? Während meiner Krankheit waren es Klagelieder. Insbesondere das Lied *I will wait for you* von Keith und Kristyn Getty zu Psalm 130 hörte ich immer und immer wieder, auch nachts in den langen schlaflosen Stunden, oft unter Tränen. Hier wurden meinem Elend, meinen Fragen, meinen Gefühlen, die so durcheinander waren, Worte gegeben. Hier wurde ich ermutigt, nicht aufzugeben.

Zum andern war da die Geschichte von Jesus aus Markus 6, 41-50, der nach der wundersamen Verpflegung von weit über 5.000 Menschen seine zwölf Gefährten gegen Abend mit dem Boot ans andere Seeufer vorausschickte. Bald begann der Sturm, sie kämpften ums Überleben. Erst gegen Morgen – im letzten Viertel der Nacht – kam Jesus über das Wasser zu ihnen. Sie meinten, es sei ein Gespenst.

Ich las diese Geschichte über Wochen täglich. Sie spiegelte meine verrückten Monate wider: Die wunderbare Auszeit im Sommer, dann gefühlt endlose Schwierigkeiten auf allen möglichen Ebenen. Da stand in Vers 48: »Jesus sah, dass sie große Mühe mit dem Rudern hatten ...« – lange vor seinem Eingreifen! Schon im vor-letzten Viertel der Nacht!

Nach der Beerdigung meiner Schwiegermutter entstand dazu ein Gedicht. Auch wenn die Nacht unendlich scheint, keine Hilfe in Sicht ist, auch wenn ich Gespenster sehe, Jesus verliert mich nie aus den Augen!

das vor-letzte viertel der nacht

ich rudere, ich kämpfe – was bringt's?
der wind ist so stark, die nacht so dunkel, die kraft ist aufgebraucht
und dennoch mache ich weiter – irgendwie
eigentlich weiß ich es: DU bist da
aber wo?
wann zeigst du dich? wann greifst du ein?
erst noch war ich voller freude
wow, du bist ein gott, der wunder tut!
und jetzt?
nacht – sturm – erschöpfung ohne ende
dann ein schrei – jetzt reicht's!
auch das noch! soll das hilfe sein?
nein, ein gespenst – sicher nicht DU!
ES REICHT!

»im letzten viertel der nacht kam jesus«
bist DU es? wirklich? kein weiterer (rück)schlag?
hoffnung! erleichterung!
DU bist im boot
jetzt ertrage ich den sturm
die nacht ist nicht mehr ganz so schwarz
DU BIST gekommen
im letzten viertel der nacht

Und im vorletzten viertel?
DU hast mich gesehen?
meine not? meinen k(r)ampf? meine verzweiflung?
und bist nicht gekommen?
ich war allein?
was wäre, wenn ich keine kraft mehr gehabt hätte?

aber: DU HAST mich gesehen
die ganze zeit, den ganzen sturm über
DU hast mich nicht aus den augen gelassen
DU bist gekommen
im letzten viertel der nacht
rechtzeitig – geheimnisvoll – wundervoll
DU BIST DA!
und so bleibe ich dran
in jedem vor-letzten viertel der nacht
denn ich weiß:
DU siehst, DU weißt, DU kommst – RECHTZEITIG.

Christine Bösser

MANFRED ROTH

33 Dennoch bestimmt Gott den Weg

Als Unternehmer hatte ich viele folgenreiche Entscheidungen zu treffen. Meine schwerste Entscheidung war jedoch, den Weg für meine berufliche Zukunft zu finden.

Ich hatte mein Ingenieurstudium an der Technischen Hochschule in Aachen begonnen. Mein Großonkel stellte mir nach Abschluss meines Studiums eine Führungsaufgabe in seiner Firma in Aussicht. Er hatte in wenigen Jahren sein Unternehmen zum weltweit führenden Hersteller von Netzfrequenz-Tiegelöfen für die Nichteisen-Industrie entwickelt. Um neue Produktlösungen zu entwickeln, kooperierte das Unternehmen eng mit der Technischen Hochschule, an der ich studierte.

Ich war gerade von den zu Hause verlebten Tagen des Jahreswechsels nach Aachen zurückgekehrt. In einem Brief teilte mir meine Mutter mit, dass sich der labile Gesundheitszustand meines Vaters sehr verschlechtert habe und wir hierüber sprechen sollten. Meine Eltern brauchten nicht lange auf mich zu warten. Zu Hause wurde mir bewusst, dass mein Vater unser Unternehmen für längere Zeit nicht mehr würde führen können. Von den etwa zehn Mitarbeitern war keiner in der Lage, die Betriebsleitung zu übernehmen.

Welche Gedanken mögen meine Eltern bewegt haben, als sie ihre Situation erkannten? Obwohl sie wussten, dass mir mein Großonkel eine wesentlich bessere Leitungsaufgabe angeboten hatte, hofften sie sicherlich, dass ich unseren Betrieb weiterführen würde. Wenn ich mich nicht für das eigene Unternehmen entschied, wäre die schwere Aufbauarbeit meines Vaters umsonst gewesen. Diese hatte er in erster Linie für mich geleistet. Jetzt konnte ihre Hilfe nur von Gott kommen. Meine Eltern waren gläubige Menschen. Sie vertrauten auf Gott, der ihre Gebete schon oft erhört hatte.

Welche Gedanken bewegten mich in dieser Zeit? Wenn ich unseren Betrieb übernahm, enttäuschte ich meinen Großonkel, der sich von mir eine familiennahe Fortführung seiner Firma erhoffte. Er selbst war leider kinderlos. Mir war klar, dass ich bei Übernahme einer Leitungsaufgabe in seinem Unternehmen eine wesentlich attraktivere berufliche Zukunft erwarten konnte als in unserem Familienbetrieb. Wie sollte ich mit dieser Situation umgehen?

Nach längerem Ringen mit mir und Gebeten half mir Gott, den richtigen Weg zu wählen.

Ich erklärte mich bereit, den Betrieb meines Vaters weiterzuführen. Obwohl es vorher eher danach ausgesehen hatte, dass ich eine andere Entscheidung treffen würde, machte ich dennoch die Sache meines Vaters zu meiner Sache und wurde nicht enttäuscht. Von zwei Möglichkeiten hatte ich mit Gottes Hilfe die beste gewählt. Ich konnte unser Familienunternehmen erhalten und weiterentwickeln.

Auch mein Wunsch, ein Examen zu erwerben, ging in Erfüllung. Nach zwei Jahren im Betrieb konnte ich, unter Beibehaltung der unternehmerischen Verantwortung, weiterstudieren und erreichte an der Philipps Universität in Marburg den Abschluss als Diplom-Volkswirt.

Meine Eltern haben sicherlich Gott gedankt, dass er ihre Gebete auch diesmal erhört hatte und das Lebenswerk meines Vaters fortgeführt wurde. Auch ich habe Gott für seine Führung gedankt und danke ihm heute immer noch dafür, dass er mich auf den für mich bestimmten Weg geführt und mich in vielen Jahren unterstützt hat. Heute sind meine Frau und ich Gott dankbar, dass unsere Kinder unser Familienunternehmen erfolgreich fortführen.

* * * * * * * * * * * * * * * *

Weiß ich den Weg auch nicht, du weißt ihn wohl;
das macht die Seele still und friedevoll.
Ist's doch umsonst, dass ich mich sorgend müh,
dass ängstlich schlägt mein Herz, sei's spät, sei's früh.

Hedwig von Redern

* * * * * * * * * * * * * * * *

DIAKONISSE ANGELIKA PÜCHNER

34 Dennoch greift Gott ein

Programmplanung an einem Dienstag: erstens, zweitens, drittens ... schon 13.00 Uhr! Jetzt muss ich mich aber beeilen, sonst verpasse ich ein wichtiges Gespräch. *Peng! Knack!* Jetzt habe ich zwei Treppenstufen verpasst. Nichts ist mehr, wie es war. Rasende Schmerzen im Bein, Bewegungsunfähigkeit.

Weil ein Arzt vor Ort ist, geht alles sehr schnell. Bald finde ich mich in der Notfallaufnahme wieder. Begutachtung, Röntgen. »Sie haben Glück gehabt.« Wenn der Bruch einen halben Zentimeter weiter unten wäre, hätte es das Knie getroffen. So ist es »nur« ein Trümmerbruch des Oberschenkels. Innerhalb weniger Minuten ist klar, dass sofort operiert werden muss. Aufklärung durch Arzt und Anästhesie. Und schon rolle ich in den OP. Gott, wieso muss das jetzt sein?

Vier Stunden später kann ich wieder einen klaren Gedanken fassen. Alles ist gut verlaufen. Was immer das auch bedeutet. Mir ist klar, dass es ein langer Weg zurück ins Leben sein wird. In den folgenden Tagen läuft das Geschehen immer wieder vor meinem inneren Auge ab. Jetzt nur nicht noch mal fallen! Dieser Gedanke lähmt mich für einige Tage so, dass ich keinen einzigen Schritt mit den Gehhilfen gehen kann. Und Gott? Er ist dennoch Herr des Geschehens! Und er allein kann mir jetzt helfen. Langsam fasse ich Mut, weil Gott da ist.

Neun Wochen keine Belastung des operierten Beins, dann schrittweise mehr. Reha für drei Wochen. Auf dem langen Weg gibt es viele ermutigende Erfahrungen mit Gott, der mir sehr nahe ist und in mir Kräfte mobilisiert. Dann wieder zu Hause. Große Dankbarkeit ist in mir, Gott und Menschen gegenüber. Ich kann wieder auf zwei Beinen laufen, ohne Gehhilfe. Jetzt wird alles gut.

Samstag, 17.00 Uhr, Feuchtigkeit auf dem Fußboden. Ich rutsche aus. Meine Freude über die wiedergewonnenen Fähigkeiten schwindet jäh. Das operierte Bein hängt schlaff da und schmerzt entsetzlich. Das Szenario kenne ich schon von jenem verhängnisvollen Dienstag. Wieder Krankenhaus, Röntgen, Operation, Intensivstation. Eine zweite OP. Wieder Unfähigkeit zu gehen. Dies ist jetzt gewissermaßen Runde zwei, so nenne ich es ironisch. Ich liege dort in meinem Bett und wieder die Frage: Gott, warum? Ich will das verstehen. Keine Antwort. Aber dennoch will ich Gott in keinem Augenblick den Rücken kehren.

Nach neun Wochen eine Röntgenkontrolle mit interessantem Ergebnis. Der Radiologe sieht die Spuren des ersten Bruchs. Vom zweiten spricht er gar nicht. Er kann ihn schlicht nicht mehr sehen. Das ist überraschend und zugleich atemberaubend. Mit einem solch guten Ergebnis habe ich nicht gerechnet. So viel Vertrauen zu meinem Herrn habe ich nicht gehabt. Schon höre ich den Arzt weitersprechen, während er die Röntgenbilder anschaut: »Wir konnten bei der erneuten OP die Schäden durch den ersten Bruch korrigieren und stabilisieren. Da war noch einmal etwas verrutscht.« Ich verlasse freudig die Arztpraxis. So beschwingt ist mein Gang lange nicht mehr gewesen, mein Glaube auch nicht.

Gott hat eingegriffen. Er stellt meine Füße auf weiten Raum, auch wenn der Boden darunter wankt. Das gibt mir Mut und

Hoffnung für mein Leben und meinen Glauben. Ich kann immer noch nicht verstehen, warum das alles so sein musste. Aber ich ahne etwas von der Dimension des Glaubens, die in folgendem Bibelwort aus Römer 8,28 zum Ausdruck kommt: »Wir wissen aber, dass denen, die Gott lieben, alle Dinge zum Besten dienen müssen.«

Ich juble vor Freude, weil du mich liebst.
Dir ist meine Not nicht entgangen.

Psalm 31,8

TORSTEN BEIMBORN

35 Dennoch werde ich leben

Es hat schon große Vorteile, in einer Gesellschaft groß zu werden und zu leben, in der man seinen Wünschen und Bedürfnissen nahezu uneingeschränkt nachgehen kann. Geprägt von einem optimistischen Lebensgefühl und dem unersättlichen Drang nach Spaß und Konsum bin ich aufgewachsen. Dieser positive Blick auf das Leben wurde nur durch die Konfrontation mit gesellschaftlichen Tabuthemen eingetrübt. So empfand ich persönlich die Auseinandersetzung mit dem Tod als sehr belastend. Die Trauerfeier für einen Freund, der bei einem furchtbaren Arbeitsunfall tödlich verunglückt war, war schrecklich. Die Trauertränen des Pastors und das Leid der Angehörigen über den Verlust eines geliebten Menschen brannten sich tief in mein Gedächtnis ein. Ich wollte damit nichts zu tun haben und die negativen Gefühle nicht an mich heranlassen. Ich wollte einfach nur unbeschwert weiterleben und mir über den Tod keine Gedanken machen. Irgendwie schaffte ich es, die wenigen leidvollen Momente und Situationen in meinem Leben zu verarbeiten oder einfach gut zu überspielen. Ich lebte schließlich in einer Gesellschaft, in der es nach wenigen Stunden und Tagen immer wieder lustig wurde.

So funktioniert das Leben aber leider nicht. Tod, Trauer und Leid gehören zum Leben dazu. Es hat einige Zeit gedauert, bis ich das verstanden habe. Es veränderte sich alles, als ich zur Polizei ging. Fortan sah ich mich ständig mit unangenehmen Themen konfrontiert. Das hatte ich mir so nicht vorgestellt. Ich sah in tiefe Abgründe des menschlichen Daseins hinein und mein Blickwinkel erweiterte sich schlagartig. Die Welt war eben doch nicht so heil und rosarot, wie ich sie mir ausgemalt hatte. Permanent wurde mir die Endlichkeit des Lebens vor Augen gehalten. Ich kann mich noch daran erinnern, wie eine junge Frau, Mutter eines kleinen Babys, von ihrem Lebensgefährten brutal ermordet wurde und ich die ersten Maßnahmen einleiten musste. Ein junges Leben wurde mal eben so ausgelöscht. Auch das Überbringen von Todesnachrichten war furchtbar. Man kann sich nicht vorstellen, wie sich ein Mann fühlt, der seine Ehefrau und das gemeinsame sechsjährige Kind bei einem schrecklichen Unfall verloren hat. Das sind Momente, in denen man selbst automatisch ganz ruhig und leise wird. Man hat nichts mehr zu sagen. Man setzt sich hin und ist einfach nur betroffen. Oftmals wischt man sich selbst die Tränen weg.

Diese Konfrontation mit der Realität des Lebens und des Todes hat meine Perspektive, meine Einstellung zu unserer Spaßgesellschaft radikal verändert. Viele Dinge, die vorher für mich wichtig waren, wurden bedeutungslos.

Wer schon einmal einen toten Menschen gesehen hat, der weiß, dass die Seele aus dem Körper hinausgefahren ist, sie ist weg. Was bleibt, ist die körperliche Hülle. Man stellt sich zwangsläufig die Frage: »Wohin geht die Seele? Wohin geht deine Seele, wenn du stirbst?« Man denkt über die Endlichkeit des eigenen Lebens nach. Wir wissen doch alle, dass wir sterben müssen, oder? Wir glauben es nur nicht. In unserer Gesellschaft wird der eigene Tod ausgeblendet. Trotzdem muss jeder einmal sterben, der Tod gehört zum Leben. Manchmal stirbt es sich schneller, als man denkt. Mit dieser Erkenntnis habe ich angefangen, in der Bibel zu lesen. In Psalm 90,12 habe ich Antworten auf meine Fragen bekommen. Dort heißt es: »Herr, lehre uns bedenken, dass wir sterben müssen, damit wir klug werden.« Diese Klugheit habe ich in der Nachfolge, im Glauben an Jesus Christus, gefunden. In Jesus habe ich meinen persönlichen Retter und die Gewissheit, dass meine Seele nach meinem irdischen Tod bei ihm in die Herrlichkeit einziehen wird. Mein Erlöser lebt und ich werde auch leben. Diese Gewissheit und Zuversicht, sowie das Gefühl des Getragenseins in Jesus Christus, helfen mir, auch in dienstlichen Grenzsituationen ein wirklich hoffnungsvolles Lebensgefühl zu behalten. Gerade auch in der Auseinandersetzung mit dem Thema Sterben und Tod. Dennoch!

* * * * * * * * * * * * * * * * *

Und weil ich lebe, werdet auch ihr leben.

Johannes 14,19

* * * * * * * * * * * * * * * * *

ANETTE WETTERAU-RUPPERSBERG

36 Dennoch ist das Leben (wieder) ein Geschenk

Zwischen Weckerklingeln und Aufstehen, habe ich gerne ein paar Minuten, in denen meine Gedanken durch den Kopf wandern, vor allem aber bin ich sehr dankbar, dass ich einen neuen Tag erleben darf. Das war nicht immer so!

Als mein Mann drei Jahre, nachdem wir uns gefunden hatten, von Gott abberufen wurde, war ich nahe daran mit ihm zu sterben. So fühlte es sich jedenfalls an. Ein nie da gewesener, unbeschreiblicher Schmerz ergriff mich und drohte mein Herz, das doch so voller Liebe war, zu zerreißen. Auf einmal war alles still und dunkel, ich hatte das Gefühl, eine Lawine hätte mich überrollt. Ich fühlte nichts, es gab keinen Trost, der mein Herz annähernd erreichen konnte. Zumindest nicht in der ersten Zeit der großen Traurigkeit. Dennoch sollte ich weiterleben.

Wieso hat Gott das getan? Erst schenkt er mir einen wunderbaren Menschen, eine Liebe, wie ich sie nur aus Filmen kannte. So etwas gab es nicht in echt – oder doch?

Wir hatten das Gefühl, schon Jahre miteinander verbracht zu haben, unsere Seelen sprachen die gleiche Sprache, unsere Herzen schlugen im gemeinsamen Takt. Horst war ein Mensch voller Liebe und Fürsorge für seine Kinder, aber auch für meine. Für meinen Sohn, der mit uns im Haus lebte, war er ein aufrichtiger Freund und Wegbereiter. Wann immer mein Ältester, der damals in Stuttgart studierte, seinen Rat und seine Hilfe brauchte, war er auch für ihn da. Horst hatte eine tolle Gabe, er schaffte es immer, seinem Gegenüber ein positives Gefühl zu vermitteln, er stärkte und prägte mit seiner Anwesenheit und seinen Worten.

Ein Jahr kämpfte er darum, sein neues Leben, unsere Liebe weiterleben zu dürfen. So gerne wollten wir gemeinsam alt werden, uns an den Enkelkinder erfreuen, gemeinsam soziale Projekte planen und umsetzen.

Es folgten jedoch Klinikaufenthalte, aber keine noch so schwere Behandlung ließen ihn hadern. Wenn ihn jemand fragte, wie es ihm ginge, war die Antwort: »Ich bin zwar krank, aber glücklich! Ich bin in meinem Leben angekommen.«

Ich habe ihn so oft um diese Stärke und positive Lebenshaltung bewundert. Dennoch in solch einer schweren Lebenslage Glück, Liebe, Zuversicht und Hoffnung verbreiten zu können, das war eine wunderbare Erfahrung, die auch mich gestärkt und mit Hoffnung erfüllt hat.

Nun sind 14 Jahre vergangen und ich muss gestehen, dass ich auch heute beim Schreiben dieser Zeilen die Tränen um den Verlust dieser Liebe nicht verdrängen kann.

Es ist wunderschön und tut gut, wenn man erfährt, dass nichts auf der Welt es vermag, einem die Liebe zu nehmen. Es ist so wie wir es immer wieder hören: Die Liebe bleibt. Der Schmerz verblasst, die schönen Erinnerungen und Momente bestimmen unsere Gedanken.

Ab und an fragt mich jemand, ob ich mich der Liebe und vor allem dem Schmerz, der mich nach Horsts Gehen so aus der Lebensbahn warf, noch einmal stellen würde, wenn ich gewusst hätte, dass unsere gemeinsame Zeit nur drei Jahre dauern würde. Mit dem Wissen von heute um das Geschenk dieser drei wunderbaren Jahre, antworte ich: »Und dennoch würde ich es wieder tun!«

Nach einigen Monaten – nein, Jahren – konnte ich mit Gottes Hilfe meine Trauer in Dankbarkeit wandeln. Ich habe eine Ausbildung als Hospizbegleiterin gemacht, arbeite im Vorstand und in der Trauerbegleitung. So kann und darf ich meine Erfahrung, dass Trauer durchlebt werden muss, und wie wir damit umgehen können, auch im täglichen Miteinander bekunden.

Es ist schön, dass ich Hoffnung weitergeben kann und darf. Denn das Leben ist ein Geschenk Gottes und dennoch gut, denn er geht mit durch alle Zeiten unseres Lebens.

BIRGIT KNÖBEL-DE FELICE

37 Dennoch ist er Weg, Wahrheit und Leben

Worte haben Kraft! Ich denke, das haben wir alle schon erfahren. Es ist eine Kraft, derer sich viele von uns bewusst sind. Wir setzen sie ein, wenn wir Gefühle ausdrücken wollen. Wir sagen mit ihnen aus, was uns gerade bewegt, ob wir fröhlich sind, begeistert oder gar überschwänglich. Ob wir von Liebe sprechen, Vertrauen signalisieren oder Mut machen wollen. Worte haben aber auch die Kraft, unsere anderen Gefühle deutlich zu machen: Hoffnungslosigkeit, Angst, Einsamkeit, Traurigkeit oder aber auch Wut und Zorn. Oh ja, Worte haben Kraft, große Kraft. Bei uns, die wir sie gebrauchen, aber auch bei denen, die sie von uns hören. Denn sie können etwas auslösen – manchmal das, was wir erreichen möchten, aber manchmal auch das Gegenteil.

Die Worte Jesu haben eine ganz besondere Kraft. Sie hält schon zweitausend Jahre an. Und manche seiner Worte bewegen Menschen noch heute so, dass sie diese Worte verinnerlicht haben. Worte, die wichtig werden, jetzt und heute, obwohl sie schon so alt sind. Für mich ist in meinem Leben ein Wort Jesu besonders wichtig geworden. Jesus sagt in Johannes 14,6: »Ich bin der Weg, ich bin die Wahrheit, und ich bin das Leben! Ohne mich kann niemand zum Vater kommen.« Dieses Wort hat mich schon früh berührt, das erste Mal im Konfirmandenunterricht, und es hat mich bis heute nicht losgelassen. Es ist für mich nicht nur zu einem Lebenswort geworden, sondern viel mehr und immer wieder zu einem Dennoch-Wort.

Dieses Wort hat mich dazu gebracht, nach dem Abitur Theologie zu studieren, denn sein Weg, seine Wahrheit und das Leben, das Jesus gelebt hat, haben mich nicht losgelassen. Und das trotz mancher Steine, die man mir in den Weg legen wollte, so zum Beispiel ein entfernt verwandter Onkel. Ich hatte gerade das Studium der Theologie begonnen und war darauf unglaublich stolz, als wir uns nach langer Zeit wieder begegneten. Auf die Frage, was ich denn mal werden wollte, kam meine Antwort natürlich prompt: »Pfarrerin!« Mein Onkel war sichtlich geschockt und entgegnete mir, dass er nicht gefragt hätte, wenn er das vorher gewusst hätte. Dann zitierte er alle möglichen Bibelstellen, in denen es um die Stellung der Frau in der Gemeinde ging. Und da stand eben nichts von Frauen als Pfarrerinnen. Nach dieser Begegnung dachte ich mir: Jetzt erst recht! Und habe mit noch mehr Eifer studiert.

Die zweite Dennoch-Geschichte mit dem Johannesvers hatte ich bei meiner ersten Pfarrstelle. Frisch verliebt mit Plänen für die Hochzeit wurde ich auf eine Pfarrstelle versetzt, die über 130 Kilometer von meinem Wohnort entfernt lag. Ich habe lange mit mir gerungen, ob ich wirklich dorthin gehen sollte. Doch bei einem Inkognito-Besuch in der dortigen Kirche hingen an der Wand Keramikkacheln mit dem Wort Jesus: »Ich bin der Weg, die Wahrheit und das Leben.« Im gleichen Moment waren meine Zweifel verflogen und ich habe dort wunderschöne Jahre verbracht.

Es gab in den letzten Jahren noch einige Dennoch-Momente mehr. Ja, Jesus bringt mich mit seinem Wort immer wieder auf seinen Weg zurück. Und das ist gut so, sein Wort erdet mich und gibt mir Kraft, auch wenn ich manches Mal mit der Klarheit und dem Anspruch zu kämpfen habe. Jesu Worte geben Kraft, denn sie sind aus der Liebe zu uns Menschen heraus entstanden. Sie regen zum Nachdenken an, sie stellen manches infrage, aber sie zeigen auch Wege auf, die sonst niemand zeigen kann. Mit ihnen ist mein Lebensglas, egal wie es mir gerade geht, niemals halb leer, sondern immer halb voll. Probieren Sie es auch aus!

*Dein Wort ist wie ein Licht in der Nacht,
das meinen Weg erleuchtet.*

Psalm 119,105

JOACHIM BOBKA

38 Dennoch vertraue ich

Das Wort *Dennoch* empfand ich früher oft als trotzig, ja, hart. Ich mochte es nicht sonderlich.

Kurz vor dem Krieg wurde ich in Hannover als fünftes von sechs Kindern geboren. Ausgebombt zogen wir in den Geburtsort meiner Mutter in ein kleines Dorf im Kirchspiel Bergen-Belsen. Hier wurde ich mit den einheimischen und noch mehr Flüchtlingskindern eingeschult. Täglich hörten wir schlimme Geschichten, sodass ich mir schon oft als kleiner Schüler die Frage nach dem Sinn des Lebens stellte – ohne je eine Antwort zu bekommen. Aber die Frage hat mich nie verlassen.

Dennoch – allem Augenschein zum Trotz erwies sich im Grauen des Krieges das Leben als stärker. Fast täglich wurde uns das Leben neu geschenkt. Für uns gab es mehr Licht als Dunkelheit. Unser Dorf war damals bis in unser Leben und seine alltäglichen Abläufe hinein christlich geprägt. Unsere Kühe und Pferde wussten genau, wann Sonntag war. Und die Pferde kannten als Einzige meinen Kummer, weil ich oft abends oder in der Mittagspause zu ihnen in den Stall ging und mein Herz dort ausschüttete.

Eines Tages aber wurde mein Leben völlig auf den Kopf gestellt. »Werde Missionar«, lautete eine freundliche, aber bestimmte Stimme. Ich lief zur Mutter, die gerade im Melken war, und erzählte ihr von dem Erlebten. Sie hielt im Melken inne, überlegte kurz, lächelte und antwortete im Dialekt: »Jung, lehr man eerst een Beruf, denn kummst du op ganz annere Gedanken.« Und ich war froh, dass Mutter das Gespräch nie mehr erwähnte.

Als ich den Beruf des Zimmerers erlernte, geschah es zum zweiten Mal, dass eine Stimme deutlich und unmissverständlich zu mir sprach: »Achim, werde Missionar!« Ich erschrak schrecklich, weil ich niemanden hatte kommen sehen oder niemanden gehört hatte. Aber ich wusste: Diese Stimme kam aus einer anderen Welt. Daran hatte ich keinen Zweifel. Plötzlich war alles hell und Licht in mir. Und ich erlebte eine Freude wie nie zuvor oder danach. Ich umarmte die Bäume und unsere Kühe (die guckten zwar dumm, aber das störte mich nicht). Ich wusste nicht, wohin mit so viel Glück und Freude. Plötzlich hatte ich nur noch Hunger auf Gottes Liebe, die fühlte ich tief in meinem Innern, trotz allem Hin- und Hergerissensein meines äußeren Lebens.

Ich zog auf Walz in den Schwarzwald und nach Offenburg und danach für ein Jahr nach Düsseldorf. Zwischendurch bewarb ich mich in einem Missionsseminar. Aber ich musste feststellen, dass hier Welten aufeinanderprallten, und so machte ich nach dem Vorstellungsgespräch schnell wieder einen Rückzieher.

Im Urlaub half ich meinem Onkel beim Nachlesen der Kartoffeln. Da hielt er plötzlich sein Gespann an, drehte sich mit ernster Miene um mit dem Wort: »Achim, in unserer Verwandtschaft hat einer seinen Glauben ganz ernst genommen und keinen Ratschlag von außen angenommen. Und weißt du, wo der gelandet ist?« – »Nö!« – »In der Klapsmühle.«

Dieser Hinweis saß. Er stach in meine Gefühlswelt. Hieß das Ernstnehmen des Glaubens notgedrungen, da zu landen, fragte ich mich wieder und wieder. Ich blieb aber mit meiner Frage allein, weil ich nicht wagte, mit irgendjemandem darüber zu sprechen. Andererseits brannte und zog da etwas in mir und ließ einfach nicht locker. Mutters Ratschlag war ich ja nun gefolgt: »Lehr man eerst mal een Beruf!«

Ich arbeitete zu dieser Zeit für meine Firma auf einer Baustelle bei Bremen. Am Wochenende kam ich nach Hause. Da lag auf dem Tisch eine handgeschriebene Postkarte vom Leiter des Missionsseminars. Er teilte mir darin mit, dass ich im Missionsseminar angenommen sei und am kommenden Montag dort antanzen sollte. Na, das war ja nun sehr plötzlich, aber ich war überglücklich. Was brachte ich aber mit? Ein bisschen Glauben, eine Handvoll eingerosteter Gehirnzellen, ein paar Lebenserfahrungen und viel Idealismus.

Dann ging's los. Zunächst täglich eine Lektion Latein, im zweiten Semester kam eine Lektion Griechisch dazu und später Hebräisch. Das hatte ich mir ja ganz anders vorgestellt. Es hagelte fast ausschließlich Fünfen. Mein Idealismus schwamm dahin, mein Glaube an die Berufung zum Missionar auch. Ich war in meinem Stolz getroffen. Und so betete ich abends oft in unserer kleinen Holzkapelle: »Herr, ich wollte nie Missionar werden. Du hast mich gedrängt. So zeige mir, wie es weitergehen soll. Jedenfalls hier wohl kaum. Das halte ich nicht durch. Vielleicht gibt es ja noch andere Wege. Auf jeden Fall bleibe ich bei dir, trotz aller Widerstände des Lebens; denn du hältst mich immer fest. Amen.«

Am Ende des Semesters gab es eine große Prüfung. Alle schnitten schlecht ab und die Arbeit musste wiederholt werden. Nur ein Freund und ich waren davon ausgenommen – wegen unserer guten Leistungen. Dies war der Durchbruch! Fortan hatte ich fast nur noch gute Noten.

Für mich war das Erleben eine Antwort auf meine innere Zerrissenheit. Und so habe ich stets wieder und wieder seinen guten Geist gespürt, der mich zog und immer wieder auf den guten Weg des Evangeliums führte, und mich auch Früchte meiner Arbeit sehen ließ. Er ist es auch, der mich bis heute leitet und prägt, sodass ich mich immer neu liebend darauf einlassen kann und muss. Ich vertraue dem Leben und Gottes Führung. Dennoch vertraue ich.

• • • • • • • • • • • • • • •

Doch ich segne jeden, der seine Hoffnung auf mich,
den Herrn, setzt und mir ganz vertraut.

Jeremia 17,7

• • • • • • • • • • • • • • •

ESTHER MANN

39 Dennoch ein schöner Sommer

Warum gibt mein Schuh so nach, als ich mich gerade etwas drehen will? Ups, da ist eine Kante und ich bin voll mit der Ferse nach hinten abgeknickt. Ist mein Schuh durchgebrochen? Nein, der hat nur nachgegeben ... War es etwa doch der Knochen?«

Ich habe gerade noch etwas Urlaub und denke sofort: »So kann ich nicht arbeiten. Hoffentlich ist der Mittelfuß nur gezerrt!«

Meine Tochter ist zum Glück dabei und fährt mich, denn dieser Fehltritt ist im Gewächshaus einer Gärtnerei passiert. Wir haben Pflanzen gekauft für Omas Grab. Wir fahren zum Friedhof und unsere Tochter pflanzt die Blumen ein. Währenddessen halte ich meinen Fuß in den Brunnen, der kaltes Gießwasser enthält. Das tut gut.

Mit einer Schmerztablette und einer elastischen Binde lässt es sich erst einmal bis zum nächsten Morgen aushalten.

Das Röntgenbild in der Unfallambulanz zeigt es deutlich: äußerer Mittelfußknochen zweimal glatt durchgebrochen. Der Arzt lächelt verschmitzt und meint: »Sie haben noch Glück gehabt, die Knochen stehen so gut, dass es nicht operiert werden muss.« Eine Orthese, also ein moderner Gips, wird mir verpasst, eine Thrombosespritze verabreicht und so geht es erst mal nach Hause.

»Wie sage ich das nur meinem Chef?«, kommt mir das nächste Problem in den Kopf. Ich arbeite als Krankenschwester in einem privaten ambulanten Pflegedienst und weiß, wie es ist, wenn Kollegen krank sind. Die Arbeit, die täglich anfällt, kann im wahrsten Sinne des Wortes nicht liegen bleiben. Die alten und kranken Menschen müssen versorgt werden und meine lieben Kollegen müssen nun etwas mehr arbeiten. Das will ich sicher nicht, aber was kann ich machen?

Inzwischen sind schon drei Wochen ins Land gegangen. Ich hatte in allem Pech dennoch eine schöne und ausgefüllte Zeit. Zuerst galt es, ein paar Gänge in meinem sonst sportlichen Lebensstil zurückzuschalten. In den Sprüchen Salomos 18,14 begegnete mir das Wort: »Ein Mensch kann durch festen Willen sogar körperliche Krankheit ertragen. Aber wer den Mut zum Leben verloren hat, ist zu nichts mehr in der Lage.« Dort steht auch: »Der Herr lenkt die Schritte des Menschen« (Sprüche 20,24). Das nehme ich nun ganz wörtlich und komme erneut zur Ruhe. Ja, ich werde sogar dankbar, denn ich merke, diese Auszeit kommt direkt von oben. Jedenfalls habe ich es mir nicht ausgesucht und ehrlich: Es gibt wesentlich schlimmere Diagnosen! So will ich nicht ungeduldig sein und die Zeit genießen. Es ist Sommer, wie schön. Gemeinschaft erleben mit meinem Mann, welcher mich gut chauffieren und versorgen kann. Gespräche führen mit unseren Kindern am Telefon, da alle weit verstreut sind. Und Zeit haben für Menschen, die ein Gespräch suchen. So wird es mir überhaupt nicht langweilig und ich erlebe durchaus gesegnete und ausgefüllte Tage.

Gott hat sogar noch ein Highlight für diese Krankheitszeit vorgesehen. Meine Nichte absolviert im Norden Deutschlands ein mehrmonatiges Praktikum. Als sie im letzten Jahr diesen Platz zugesagt bekam, sagte ich gleich: »Lydia, wir besuchen dich mal!«

Nun habe ich Zeit und ich darf mit der Orthese reisen. Mein Mann fährt und unsere Tochter mit unserem ersten Enkelschatz fahren auch mit. Eigentlich könnte ich klagen, denn ich kann weder schwimmen noch laufen oder Rad fahren. Das sind alles meine Hobbys. Aber ich will mich ganz bewusst davon lösen und fröhlich andere Dinge tun. Zum Beispiel Zeit mit unserer Tochter und unserem Enkel verbringen. Im normalen Leben wohnen wir drei Stunden Autofahrt voneinander entfernt. Oder schreiben. Dafür habe ich mir nie Zeit genommen. Nun habe ich sie bekommen und bin dankbar dafür. Manchmal habe ich ein schlechtes Gewissen den Kollegen gegenüber. Aber das sei »typisch Pflegepersonal«, sagt man mir. Im Betrieb läuft alles super – auch ohne mich.

Außerdem ist für die kommenden Tage die heißeste Phase des Sommers angekündigt und ich bin am Meer. Ist das nicht wunderbar? Danke, Herr, für meine Situation!

ULRIKE BAUSPIESS

40 Dennoch nicht allein

Es war ein wunderbarer Frühlingsmorgen. Die Sonne lachte vom Himmel, als ich auf dem Fahrrad zur Schule fuhr. Am Wegrand blühte ein Meer von Krokussen. Vögel sangen. Ich aber war allein.

Als das Coronavirus ausbrach, war von meinem alten Leben nichts mehr übrig. Bis dahin war mein Alltag vom Schuldienst, Treffen mit Freunden und ehrenamtlichen Tätigkeiten geprägt gewesen. Ich mochte mein Leben. Das Einzige, was mir zu meinem Glück fehlte, war ein Mann an meiner Seite.

In der Bäckerei lag die Bildzeitung aufgeschlagen: »Jetzt wird Deutschland dicht gemacht!« Mit meinem Brötchen radelte ich weiter zur Schule, die bis auf eine Seitentür streng verschlossen war. Gut verteilt saßen die wenigen Kinder im Klassenraum und arbeiteten an ihren Aufgaben. Ein Schüler rechnete, eine Schülerin wollte eine Geschichte schreiben. Ich half ihr dabei. Im Speisesaal gab es Mittagessen für alle und Kaffee für die Mitarbeiter. Nachdem die Kinder sich auf dem Pausenhof ausgetobt hatten, las ich etwas vor und erzählte die biblische Passionsgeschichte. Dann war mein Einsatz hier zu Ende. Doch der Tag hatte noch viele Stunden.

Da ich aufgrund der beginnenden Pandemie verkürzte Arbeitszeiten hatte, die sich auf meinen Einsatz in der Notbetreuung und ein wenig Hometeaching beschränkten, saß ich den Rest des Tages allein in meiner Wohnung und lauschte dem

Zug, der auf den nahe liegenden Gleisen heransauste, stoppte, kreischte, quietschte und dann weiterfuhr, bis sein Rauschen in der Ferne verklang.

Jeden Abend stellte ich eine Kerze ins Fenster und hörte auf ein Lied von Paul Gerhardt.

Nun ruhen alle Wälder,
Vieh, Menschen, Städt und Felder,
es schläft die ganze Welt;
ihr aber meine Sinnen,
auf, auf, ihr sollt beginnen,
was eurem Schöpfer wohlgefällt.

Ich wusste nicht, wie ich beten sollte. Mein eigenes Leben war mir fremd geworden. Ich presste meine Stirn gegen die Fensterscheibe und betete ohne Worte. Manchmal spürte ich, wie Gott seinen schützenden Mantel um mich legte. An anderen Tagen war er mir fern. So wie ich die Welt und mein eigenes Leben nicht mehr verstand, verstand ich auch ihn nicht mehr.

Wo bist du, Sonne, blieben?
Die Nacht hat dich vertrieben.
Die Nacht, des Tages Feind.

Die Wochenenden waren lang und einsam. Zudem merkte ich, dass das Kreischen des Zuges nun immer in meinen Ohren war, selbst wenn kein Zug vorbeifuhr. Ich machte einen Termin beim Hals-Nasen-Ohren-Arzt. Kein Mensch war auf der Straße, als ich mit dem Fahrrad in die Stadt fuhr. Ich klingelte und merkte dann, dass es die falsche Tür war. An der Rezeption saßen zwei Helferinnen und eine Ärztin. Ich war in einer Zahnarztpraxis gelandet. Man gab mir freundlich Auskunft, ein Haus weiter kam ich zum Ohrenarzt. Er riet mir, mich kreativ zu beschäftigen, um keine Ohrgeräusche zu entwickeln. Einen Hörsturz hatte ich nicht.

So fing ich an, in meiner freien Zeit Texte zu verfassen. Ich hatte Freude daran, meine Gedanken aufs Papier zu bringen, und so schickte ich meine Ausarbeitungen ins Johannesstift, weil ich dort vor Ort keine Andachten mehr halten durfte. Die persönlicheren Texte schickte ich an eine Freundin. Ende April stand sie vor meiner Tür und wir machten einen langen Spaziergang zusammen, in die blühende Natur. Diese gemeinsame Zeit war wohltuend. Eine der wenigen Möglichkeiten, der Einsamkeit zu entfliehen.

Sonntags vermisste ich den Gottesdienst. Mit lebendigen Menschen wollte ich ihn feiern und nicht am Rechner. Ich rief eine Freundin an, die in meiner 300 Kilometer entfernten Heimatstadt lebt. Wir sprachen über die aktuelle Situation und tauschten uns über einen Bibeltext aus. Ich betete und sie betete im Herzen mit. Auch wenn wir uns nur hören konnten, waren wir miteinander verbunden. Gemeinsam durch die Krise zu gehen, stärkte die Verbindung zu einzelnen lieben Menschen. Freundschaften vertieften sich. Und als ich Zahnschmerzen bekam, überwand ich meine Angst vor dem Zahnarztbesuch, da ich mich an die freundliche Praxis an der Johanneskirche erinnerte. Dort bekam ich die Hilfe, die ich jetzt brauchte.

Als mein Leben plötzlich schwieg, konnte ich die leise Stimme Jesu wieder hören. In der Stille des Lockdowns durfte ich Gottes Liebe erfahren und ich war nicht allein. Dennoch bleibe ich stets bei dir, lieber Gott!

*Fahr hin! Ein and're Sonne,
mein Jesus, meine Wonne,
gar hell in meinem Herzen scheint.*

MEXX KLINKERT

41 Dennoch nehme ich mir die Zeit

Ehrlich gesagt hätte es diesen Text hier beinahe nicht gegeben. Es gibt einfach immer so viel zu tun! Die To-dos stapeln sich und obwohl ich immer wieder etwas von meiner Liste abhaken kann, verlängern sie sich mit jedem erledigten Punkt um drei weitere. Vielleicht kennst du das auch? Jede Menge Aufgaben, Dinge, die dringend zu erledigen sind, Sachen, die man schon lange vor sich herschiebt, weil andere Sachen immer wichtiger sind.

Einer dieser Punkte auf einer meiner vielen Listen war es auch, diesen Text für das Dennoch-Buch zu schreiben. Und immer wieder gab es zu viel, was zu wichtig war, um es noch hinter das Verfassen dieses Textes zu stellen. Immer wieder schob ich es von der einen auf die andere Liste und immer wieder dachte ich mir: »Dafür hast du jetzt keine Zeit! Das musst du hintanstellen.«

Als bei einer dieser Verschiebungen mal wieder der Punkt »Dennoch-Text schreiben« auftauchte, machte sich ein unbefriedigender Gedanke in mir breit: Du wirst diesen Text nicht schreiben können. Du solltest absagen, solange du den Vertrag noch nicht unterzeichnet hast.

Leicht deprimiert wanderte mein Blick über meine vollen Listen und ich fokussierte noch einmal diese drei Worte: *Dennoch. Text. Schreiben.* Ich musste schmunzeln. Sollte ich vielleicht dennoch diesen Text schreiben? Trotz meiner vielen To-dos und meinem vollen Kalender? Ich schnappte mir mein

Handy und versuchte, meine Gedanken festzuhalten. Ich blockte mir einen Nachmittag und nun sitze ich hier und schreibe diesen Text – Dennoch.

Eine Sache ist mir dabei besonders aufgefallen: Es ist wichtig, sich Zeit zu nehmen. Zeit für die scheinbar unwichtigeren Dinge. Für Dinge, die sonst gerne einmal oder mehrmals hinten runterfallen. Denn sie können sich als wesentlich nützlicher erweisen als alles, was sonst noch auf unseren Listen steht.

Auch wenn ich Pastor bin, gehört mein Glaube, meine persönliche Auseinandersetzung mit meinem Vater im Himmel und seinem Wort, der Bibel, bei mir immer wieder zu diesen Dingen. Ich arbeite viel mit der Bibel, ihrer Botschaft und allem, was dazu gehört, aber – oder vielleicht gerade deshalb – fehlt mir öfter mal die Zeit oder auch die Lust, mich auch noch in meiner freien Zeit damit auseinanderzusetzen.

Hin und wieder – in meinen Augen aber noch viel zu selten – komme ich dann doch dazu oder nehme mir eben die Zeit, mich um meinen persönlichen Glauben und meine Gottesbeziehung zu kümmern. Das Faszinierende daran ist: Aus diesen Zeiten komme ich so oft gestärkt, ermutigt oder verändert heraus, und immer mit einer neuen Perspektive. Meistens ändert sich gerade nach diesen zweckfreien, scheinbar unproduktiven Zeiten mein Blick auf viele meiner Aufgaben und To-dos.

Ich erkenne, dass manche Dinge vielleicht gar nicht so wichtig sind, wie ich dachte. Ich sehe etwas, das sich gut verbinden lässt, oder ich finde Leute, die mir bestimmte Dinge abnehmen können. Und auf einmal ist diese dazwischengeschobene, ungeplante Zeit, für die ich eigentlich keine Zeit hatte, die wichtigste Zeit geworden, die mich viel weitergebracht hat als das stupide Abarbeiten meiner Listen.

Mein Punkt »Dennoch-Text schreiben« auf meiner Liste hat mich neu daran erinnert: Nimm dir Zeit für Dinge, die nicht so wichtig erscheinen. Gott hat uns Menschen nicht als Arbeitsmaschinen erschaffen. Wir brauchen immer wieder Ruhe, Auszeiten und Zeit für Unwichtiges. Wir sind auf diese zweckfreien Unterbrechungen ausgelegt. Selbst das Unwichtige ist für uns wichtig, auch wenn wir das oft nicht erkennen – oder gerade dann. Das ist etwas Gutes, das Gott an uns tun möchte und er hält so viel weiteres Gutes für uns bereit.

Ich habe in diesem Moment neu entdeckt, wie gut es mir tut, wenn ich scheinbar Unwichtigem Aufmerksamkeit schenke und meine Gottesbeziehung intensiver pflege. Denn so erkläre ich mich bereit für den Segensstrom, den Gott für mich bereithält, für all die guten Dinge, die er mir schenken will. Ich investiere Zeit, die ich vermeintlich nicht habe, in Gemeinschaft mit Gott und er schenkt mir eine neue Perspektive. Seine Perspektive auf mich, auf alle meine Aufgaben und diese vielen wichtigen Dinge. Und das lässt mich wieder neu entspannen. Denn ich erkenne, wie unwichtig so manches doch ist und wie viel wichtiger es ist, unverzweckte Zeit mit Gott, aber auch mit meiner Familie, Freunden und Leuten aus der Gemeinde zu verbringen. Wir brauchen das! Aber das merken wir manchmal erst, wenn wir uns dennoch die Zeit dafür genommen haben.

Genau das wünsche ich auch dir! Augenblicke der Aufmerksamkeit, in denen dir klar wird: Ich nehme mir jetzt Zeit, die ich vielleicht nicht habe, und investiere sie in meine Gottesbeziehung. Und du wirst merken, wie unwichtig doch manche Dinge sind und wie wichtig es war, dass du dir genau diese Zeit genommen hast.

KSENI HÖROLD

42 Dennoch Gottes Königstochter

Der Dieb kommt, um zu stehlen, zu schlachten und zu vernichten«, so heißt es in Johannes 10,10a. Das habe ich erlebt. Ich hatte eine Zeit, in der mich Panikattacken und Angststörungen beherrschten. Ich wurde meiner Freiheit, Leichtigkeit und Unbekümmertheit beraubt. Der Feind kam und versuchte, mir das Leben zur Hölle zu machen. Und so fühlte es sich auch tatsächlich an.

Ich bin schon lange Christin und glaubte auch zu dieser Zeit an Gott. Trotzdem fühlte ich mich über die Maßen hilflos, verzweifelt, ängstlich und benommen. Es gab nichts, was mir half, ich hatte kein Fundament, keinen Platz zum Ausruhen. Ich fühlte mich wie im freien Fall und war voller Unsicherheit und Panik.

Weil mir keine Therapie half, fing ich in meiner Verzweiflung an, in der Bibel zu lesen. Ich hoffte, in Gottes Wort Mut zu finden. Als ich mich inmitten von Ängsten und Panik verloren fühlte, erkannte ich, dass Gott mir mehr zutraute als ich mir selbst. Nach und nach legte ich die Lügen des Feindes unter Gottes Wahrheit und fing an, Jesus zu vertrauen. Ich hörte mir den ganzen Tag Lobpreislieder und Predigten an und zog mir die Waffenrüstung Gottes über – bereit, mit Jesus den Kampf zu gewinnen. Es war, als ob Gott mir sanft zuflüsterte: »Du kannst mehr als du denkst, solange dein Blick auf mich gerichtet ist. Schau nicht auf den Sturm, sondern auf mich und du wirst auf dem Wasser laufen und nicht untergehen!«

Obwohl ich bereits zuvor an Gott geglaubt hatte, begann ich nun erstmals, eine Beziehung zu seinem Sohn Jesus aufzubauen. Ich wollte nicht nur glauben, dass Gott existiert. Nein, ich wollte jeden Tag mehr, mehr von Jesus, mehr von seinen Zusagen und seinen Verheißungen. In Gottes Gegenwart fühlte ich mich sicher und geliebt. Ich begann, Jesus immer mehr zu vertrauen. Das gab mir die Zuversicht und Sicherheit, meine Ängste anzugehen und mich auf den Weg der Heilung zu begeben.

Ich erkannte, dass ich die Panik nicht länger als meine Identität akzeptieren musste. Es war ein so befreiendes Gefühl zu wissen, dass ich nicht allein war und dass ich durch Jesus den Mut aufbringen konnte, aus meiner persönlichen Komfortzone herauszutreten.

Ich durfte entdecken, dass Gott unendliches Potenzial in mir sieht und mir ein furchtloses, erfülltes Leben schenken möchte. Er traut mir mehr zu, als ich mir selbst, ja, er glaubt an mich – sein geliebtes Kind.

Es war eine alles verändernde Erfahrung, zu begreifen, dass ich dazu bestimmt war, mehr zu sein und zu erreichen, als der Feind mich glauben ließ. Das Wissen um Gottes Liebe und seine unendliche Gnade gab mir Kraft, an mich selbst zu glauben und Herausforderungen anzunehmen. Ich entwickelte neue Perspektiven für mein ganzes Leben. Ich lernte, dass ich über die Ängste hinauswachsen kann und dass Gott mich mit den nötigen Ressourcen und Fähigkeiten ausstattet.

In Johannes 10,10b sagt Jesus: »Ich bin gekommen, damit sie das Leben haben und es im Überfluss haben.« Auch das habe ich erlebt. Durch die persönliche Beziehung zu Jesus habe ich die Panikattacken fast vollständig überwunden. Ich fand am tiefsten Punkt meines Lebens Trost, Mut und Stärke in seiner

Gegenwart. Ich kämpfte Kämpfe, die ich ohne meinen Glauben niemals gewonnen hätte. Gott hat mir gezeigt, dass er möchte, dass ich sein mutiges Kind bin, seine Königstochter – furchtlos, mutig, gesegnet und in seiner Gegenwart bewahrt und geliebt! Preist den Herrn, er ist gut!

Denken und Tanzen

Ich denk zu viel und tanz zu wenig
So vieles macht die Füße schwer
Ich will so gerne, doch es geht nicht
Erschöpft, bedrückt und leer

Du kommst und ziehst mich zu dir her
Lässt mich auf deine Füße klettern
Hältst mich fest im Arm
Ich kann nichts tun, lass dich machen
Und du tanzt
Und ich mit dir, ich mit dir

Ich denk zu viel und tanz zu wenig
Gewicht fällt von mir ab
Denn du bist gut und du bewegst mich
Werd froh, dass ich dich hab

Du sagst mir, wer ich wirklich bin
Wertvoll, geliebt, befreit
Deine kleine Tänzerin
So machst du meine Füße leicht
Und ich tanz
mit dir in Ewigkeit, in Ewigkeit

Du machst meine Füße frei
Meine Sorgen ändern nichts
An dem was ist, was kommt, was bleibt
Du bist der Grund wieso ich tanze, denn
Du bringst mir Tanzen bei

Sarah Siebentritt

DR. DEBORA SOMMER

43 Dennoch weitergehen

Entmutigt und kraftlos sitze ich am Bürotisch. Dabei hat der Tag doch eben erst begonnen ... Das Durcheinander auf meinem Schreibtisch spiegelt meinen Gemütszustand wider. Meine Mailbox quillt über. Gerade erreicht mich ein weiterer Hilferuf. Es berührt mich, dass mir wildfremde Menschen ihr Herz öffnen. Doch gleichzeitig verschärft es meinen inneren Konflikt. Wie soll ich andere ermutigen, wenn ich es selbst nicht besser auf die Reihe kriege? Wie kann ich gegen den unheilvollen Schleier von düsteren Gedanken angehen, der zentnerschwer auf meiner Seele liegt, meine Sicht trübt und verzerrt? So viele Menschen warten auf Hilfe. Die Not ist überwältigend. Wie soll ich weitermachen? Woher die Kraft dafür finden? Wieso überhaupt weiterkämpfen? Etwa aus Pflichtgefühl? Oder um dem heutigen Tag etwas Sinnhaftes abzugewinnen? Je tiefer die innere Erschöpfung greift, desto deutlicher wird, dass keiner dieser Ansätze auf Dauer zielführend ist.

Was brauche ich denn am heutigen Morgen, um dennoch weiterzugehen? In der Theorie kenne ich viele schöne Antworten. Ich habe sogar ein ganzes Buchkapitel über den Weg zu einem Dennoch-Glauben geschrieben. In Referaten mache ich Menschen Mut, dass sie wie Asaf in Psalm 73,23 mit Gottes Hilfe zu einem lebensverändernden Dennoch durchdringen. Doch an Tagen wie heute greift jedes theoretische Wissen auf schmerzliche Weise zu kurz. Dennoch-Glauben kann nicht ein für alle Mal ergriffen werden, sondern bleibt eine stetige Herausforderung.

Ich verlasse mein Bürochaos und gehe in die Küche. Während der Kaffee in die Tasse rinnt, schweift mein Blick durch die Wohnstube. Mein Blick bleibt an einer der wenigen Zimmerpflanzen hängen, die in unserem Zuhause zu finden sind. Sie hat einen schmalen Stamm, aus dem palmenartig lange Blätter hängen. Alle paar Wochen signalisieren mir ihre hängenden Blätter, dass sie komplett ausgetrocknet ist. Genau wie jetzt. Etwas beschämt über meine Nachlässigkeit fülle ich sofort etwas Wasser nach. Wohl wissend, dass ihre Blätter sich in weniger als einem halben Tag neu gestärkt aufrichten werden.

Zurück im Büro, geht mir die Pflanze nicht mehr aus dem Sinn. Der Anblick ihrer hängenden Blätter hat mich seltsam angerührt und mich an meine eigene Verfassung erinnert. Hätte ich ihr vorhin kein Wasser gegeben, wäre sie nicht in der Lage, sich aus eigener Kraft wieder aufzurichten. Ist es nicht auch bei mir so, dass ich aus eigener Kraft nicht in der Lage bin, mich wieder aufzurichten? Wie gut, dass mein himmlischer Vater der beste Gärtner ist und behutsam über meiner Lebenspflanze wacht. Ich atme tief durch, schließe meine Augen und halte meinem himmlischen Vater meine leeren Hände hin: Danke, dass du mich mit deinem Leben spendenden Wasser versorgst, damit ich mich wieder aufrichten kann. Dennoch weitergehen heißt für mich am heutigen Tag, dass ich im Glauben empfange, womit mich mein himmlischer Vater versorgt, und darauf vertraue, dass diese Gaben früher oder später ihre Wirkung entfalten.

RUTH PFENNIGHAUS

44 Dennoch ein schöner Garten

Mein Vater und mein Bruder haben den sprichwörtlichen grünen Daumen, ich leider nicht. Irgendwas ist immer. Trockenheit und wir sind gerade im Urlaub, Mäuse, andere mitessende Tiere und so einiges mehr. Ich habe viel Zeit und Geld in meinen Garten gesteckt und oft hatte er nicht den erwarteten Ertrag.

Seit mehr als zehn Jahren bin ich Kräuterfrau. Seitdem hat sich meine Sicht auf den Garten total gewandelt. Er ist jetzt ein Wildgarten, mehr eine Wiese. Wie sagt doch der Volksmund: »Nur die Harten kommen in den Garten.« Meine wilde Ecke mit Brennnessel, Giersch, Vogelmiere, Löwenzahn, Gundelrebe und vielen anderen essbaren Wildkräutern ist geradezu unverwüstlich. Auch nach den heißen Sommern der letzten Jahre kommen sie im Herbst mit großer Kraft wieder. Sozusagen ein Gruß aus dem Paradies. Dornen und Disteln sollten unsere Erde nach unserem Rausschmiss aus dem Paradies bedecken, aber sie sind es auch, die die größte Heilwirkung für unsere Gesundheit haben.

»Unsere Wiesen sind unsere Apotheken und gegen jede Krankheit ist ein Kraut gewachsen«, sagt Sebastian Kneipp. So ist zum Beispiel die Brennnessel eine meiner wichtigsten Heilpflanzen. Sie ist für den Frühjahrsputz unseres Körpers unerlässlich, hat viel bioverfügbares Eisen und ganz viele wichtige Mineralstoffe. Alle rheumatischen Erkrankungen und Stoffwechselprobleme können damit gelindert werden. Aber nicht nur meine wilde Ecke, sondern auch alle anderen Stauden und Pflanzen sind inzwischen widerstandsfähig – besonders gegen Trockenheit – und überhaupt hart im Nehmen.

Mein Garten hat mich viel über mein Leben gelehrt. Ich hätte mir so gerne einen dauerblühenden, duftenden Rosengarten gewünscht. Aber es ist ein Wildgarten geworden.

Als kleines Kind war ich oft krank, sehr zierlich und anfällig. Meine Mutter hat sich viele Sorgen um mich gemacht. Wie sollte es wohl mit der kleinen Ruth weitergehen? Heute bin ich 65 Jahre alt und ein Arzt bescheinigte mir die Lebensfrische einer 49-Jährigen. Wenn das nicht ein Wunder ist!

Und so ging es weiter in meinem Lebensgarten. Als Christ in der ehemaligen DDR hatte ich eine angstbesetzte Schulzeit und habe trotz sehr guter Zeugnisse keinen Ausbildungsplatz in ganz Mecklenburg bekommen. Ich konnte mich dann aber im größten evangelischen Krankenhaus zur Krankenschwester ausbilden lassen. Das war eine gute Grundlage für meine spätere Berufung. Heute übe ich seit vielen Jahren gemeinsam mit meinem Mann unseren Traumberuf aus: Wir leiten ein ganzheitliches Gesundheitshaus und können vielen Menschen in Kursen bei gesundheitlichen Problemen helfen. Gott hatte einen super Plan für mich und alles wohl bedacht. Das konnte ich erst später erkennen.

Eine große Not begleitete uns am Anfang unserer Ehe. Wir konnten keine Kinder bekommen. Auch da bewies Gott Humor. Zwischen dem neunten und zwölften Ehejahr wurden wir eine Großfamilie mit fünf Pflegekindern. So hatten wir siebzehn turbulente, erfüllte Familienjahre mit viel Freude und voll von Wundern. Für mich ist Psalm 113,9 wahr geworden: Die Unfruchtbare wird eine fröhliche Kindermutter! Es ist nicht zu fassen, Gott hat mich immer überreich beschenkt.

Mit dem dauerblühenden Rosengarten ist es noch immer nichts geworden, aber Gott hat mich zu einer robusten, langblühenden Wildblumenwiese gemacht. Ich hoffe, dass ich noch eine Weile hier in meinem Lebensgarten arbeiten und sein kann. Für die Zukunft will ich mehr in die Güte Gottes vertrauen. Er macht alles richtig. Er hat in meinem Leben viel Liebe gesät, viel Freude und Dankbarkeit. Ich kann nur staunen. Gott hat aus den Dornen und Disteln meines Lebens heilende, blühende Landschaften gemacht.

Siehst du Gott nicht?
An jeder stillen Quelle,
unter jedem blühenden Baum
begegnet er mir
in der Wärme seiner Liebe.

Johann Wolfgang von Goethe

CHRISTEL ULLRICH

45 Dennoch ein gutes Leben

Wie wunderschön ist es, wenn man als junges Ehepaar gesunde Kinder geschenkt bekommt! Bewusst wähle ich heute die Worte »gesund und geschenkt«. Drei Töchter und ein Sohn machten unser Glück perfekt. Unsere vier Kinder wuchsen unbeschwert auf und schenkten uns viel Freude.

Als unser zweites Kind, ein Junge, in die Schule kommen sollte, stellte sich heraus, dass er gesundheitliche Beeinträchtigungen hatte, die bis dahin nicht aufgefallen waren. Das Lernen fiel ihm schwer. Was sollte werden, wie soll er seinen Weg durchs Leben meistern? Viele sorgenvolle Gedanken und auch Ängste stellten sich bei uns ein.

Wir als Eltern hatten, wie alle Eltern, doch so viele schöne Wunschvorstellungen für unser Kind. Nun mussten wir umdenken, Träume verabschieden und ganz schnell lernen, dass nicht alles nach unserem Plan verlief. In stillen Stunden immer wieder diese Fragen: Warum gerade unser Sohn? Warum trifft es ausgerechnet uns?

Wir mussten uns mit dem Gedanken befassen, unser Kind auf die Sonderschule zu schicken. Das war nicht leicht, aber dann kamen wir zu der Erkenntnis, dass dies tatsächlich die beste Schule für ein lernschwaches Kind war. Denn wenn unser Junge fröhlich nach Hause kam, weil er in der Schule ein tolles Erfolgserlebnis gehabt hatte – was ihm in der Regelschule nicht so häufig passiert wäre –, waren auch wir fröhlich und dankbar. So gab es bei allem Kummer dennoch auch Freude.

Er wurde von engagierten und liebevollen Lehrern und in der Konfirmandenzeit von unserem fürsorglichen Pfarrer betreut, welcher ihn aufmunternd und verständnisvoll durch diese Zeit und die Konfirmation begleitet hat.

Dieser Pfarrer hat auch mir als Mutter in einigen guten Gesprächen Mut gemacht und mich aufgebaut, immer wieder zuversichtlich ein Dennoch im Blick zu haben.

Im Laufe der Jahre habe ich gelernt, auf das zu schauen, was bei unserem Sohn alles möglich ist. Ganz deutlich wurde mir das, als wir an einem Urlaubsort auf einem Fährschiff waren. Unsere Kinder liefen fröhlich umher, waren äußerst gespannt auf das Ablegen und die kommende Schiffstour. Wir Eltern standen an der Reling und schauten dem munteren Treiben zu. Wir entdeckten ein Paar, das mit seinem Kind ebenfalls auf das Schiffsdeck kam. Ihr Kind saß angegurtet im Rollstuhl und konnte weder den Kopf heben noch seiner Freude Ausdruck verleihen. Da wurde mir plötzlich deutlich bewusst, wie froh wir über die Beweglichkeit und die mitgeteilte Fröhlichkeit unseres Jungen sein konnten, sowie über die gesunden, lebensfrohen Mädchen. Eine tiefe Dankbarkeit erfüllte mein Herz.

Inzwischen ist unser Sohn ein erwachsener Mann. Gegen seine Beeinträchtigungen und gesundheitlichen Probleme haben wir einiges unternommen. Es gab viele Hoffnungen, aber auch viele Enttäuschungen!

Dennoch konnte er, begleitet von hilfsbereiten und verständnisvollen Kollegen, viele Jahre in unserem Betrieb mitarbeiten. Dankbar sind wir auch allen Menschen, ob Familie oder Bekanntenkreis, die ihn in ihre Freizeitaktivitäten mit eingebunden haben. Wunderschöne begleitete Reisen haben sein Leben bunt gemacht. So konnte er trotz aller Einschränkungen ein wenig Eigenständigkeit leben.

Wir Eltern sind inzwischen alte Leute. Loslassen fällt schwer und ist immer mit großen Sorgen verbunden. Zuversicht und Gottvertrauen müssen täglich eingeübt werden. Dennoch haben wir die Hoffnung nicht aufgegeben, dass unser Sohn seinen Lebensweg bewahrt und sicher weitergehen darf. Dennoch sind wir voll Vertrauen, dass er jetzt und in Zukunft ein gutes und dankbares Leben führen wird. Wir sind voll Dankbarkeit für unsere drei liebevollen und fürsorglichen Töchter, die ihren Bruder von Herzen begleiten, versorgen und lieben.

In Gedanken spreche ich jeden Morgen das stille kleine Gebet: »Herr, dir in die Hände sei Anfang und Ende, sei alles gelegt!«

HENRIK HOMRIGHAUSEN

46 Dennoch gelten Gottes Zusagen

Es war mitten im Advent 2019. Als Familie verbrachten wir die letzten Tage eines Studienaufenthalts in Schottland. In einer knappen Woche würden wir den Heimweg antreten. So schön die Zeit in diesem Land war, wir freuten uns auf zu Hause. Die Familie wiedersehen, allen erzählen, wie toll es war, Eindrücke schildern, Fotos zeigen. Während wir unsere Rückreise planten, klingelte das Telefon und schlagartig war alles anders: »Es sind wieder Metastasen da. Nicht genau zu lokalisieren, aber ich muss wieder in Therapie. Es sieht nicht gut aus«, sagte mein Vater am anderen Ende der Leitung. Dabei hatte es doch lange Zeit so hoffnungsvoll ausgesehen. Doch nun war der Krebs zurückgekehrt, die Chancen auf Heilung schienen deutlich geringer. Das Gespenst von Tod, Abschied und Verlust breitete sich in meinen Gedanken aus.

Die Beziehung zu meinem Vater war stets sehr eng und vertrauensvoll. Er war Berater und Unterstützer in allen Lebenslagen, immer einer der Ersten, die ich fragte, wenn große Entscheidungen anstanden. Und nun? Wie würde es werden? Jetzt, wo die Wahrscheinlichkeit eines endgültigen Abschieds realer wurde? Natürlich war mir immer bewusst, dass eines Tages im Leben der Abschied käme. Aber diesem Tag wollte ich nicht ins Auge sehen – und noch weniger den Tagen und Jahren danach. Ein Leben ohne diese Vater-Sohn-Beziehung, das durfte nicht sein. Zu viel hing daran.

Am nächsten Tag gingen wir zu unserer schottischen Gemeinde. Ich war traurig, erwartete nicht viel vom Gottesdienst. Was sollte man mir, der ich doch selbst Theologe war, dort schon Positives sagen? Doch so ist Gott: Wie oft zeigt er sich gerade dann, wenn ich es nicht erwarte! Unser Pastor predigte in einer Adventreihe über Gottes Versprechen an Abraham. Abraham, der in 1. Mose 15 die Zusage eines biologischen Erben hört und gerade diesen dann in 1. Mose 22 loslassen soll. An diesem Sonntag wurde deutlich, dass Abraham nicht zuerst auf das biologisch Greifbare, sondern auf das göttlich Unfassbare bauen sollte. Denn die Zukunft eines Menschen ruht auf den Zusagen Gottes.

Im Rückblick klingt der Gedanke abstrakt, doch damals empfand ich tiefen Frieden im Gottesdienst. Ich sorgte mich zwar nicht um einen Erben, der war ich ja selbst. Doch ich wusste nicht, wie es einmal ohne den Vater, als so wichtigen Teil meines Lebens und der Familie, weitergehen sollte. Der Gedanke, dass Gottes Zusagen weit über die Familie hinausreichen, spendete mir Mut. Auch für uns würde es eine gute Zukunft geben – mit und ohne Vater. Das machte das kommende Jahr und den traurigen Abschied, der tatsächlich kam, nicht leichter – aber getragener und hoffnungsvoller.

Auch über zwei Jahre nach dem Tod meines Vaters empfinde ich Schmerz und eine Lücke im Leben. Eine der größten Entscheidungen der letzten Jahre, konnte ich nicht mehr mit ihm besprechen. Doch in dieser Entscheidung und in vielen kleinen Beispielen ließ Gott mich erfahren, dass seine Zusagen genau die Lücken ausfüllen, die der Verlust hinterlassen hat.

INGE JAKOBI

47 Dennoch schreibt Gott meine Geschichte

Ich darf hier eine, meine Dennoch-Geschichte erzählen. Sie beginnt in meiner Kindheit. Ich war damals etwa neun Jahre, es war ein traumhafter, sehr heißer Sommer. Stellen Sie sich eine Astrid-Lindgren-Kindheit auf dem hessischen Land vor. Wie bei Johann, Niklas und Pelle auf Saltkrokan und auch ein wenig wie bei Pippi Langstrumpf.

Ich liebte es, durch die Wälder zu streifen, Baumhütten zu bauen, Kirschen aus Nachbars Garten zu klauen, mit dem Kinderrad wild durch die noch ruhigen Dorfstraßen zu sausen, bis die Stützräder neben mir her rollten.

Doch in dieser schönsten Sommerferienidylle erkrankte ich. Ein Virus oder etwas ähnlich Blödes, Übelkeit, hohes Fieber. Ein noch junger, unerfahrener Assistenzarzt meinte: »Das kann nur eine Blinddarmreizung sein.«

Als ich dann ins Koma fiel, war allen schnell klar, der Übeltäter ist nicht der überaus überflüssige Wurmfortsatz, nein, es war eine Meningitis. Nach einer Woche untätigen Herumliegens wachte ich tatsächlich wieder auf. Die Umgebung, ein Krankenhaus, war mir völlig unvertraut. Meine Augen nahmen es wahr und ich klappte die selbigen sofort wieder zu. Erst einmal alles ignorieren. Das war vollkommen irre, hier gehörte ich nicht hin. Also, schnell aufstehen und zu Mama und Papa nach Hause. Ich kippte natürlich sofort wieder zurück in das blöde Bett. Alle redeten mir gut zu, sei geduldig. Aber das zuvor in Lederhosen durch die Gegend tobende Kind war alles andere als geduldig.

So einiges musste ich neu erlernen. Vieles ging einfach langsamer. Auch eine gewisse Angst nahm mich gefangen. Die Worte: »Ich schaffe das!« gaben mir stets Hoffnung und das Gefühl, getragen zu sein.

Und ich entdeckte die wundervolle Welt der Bücher, ein Paradiesgarten der Fantasie. Das Lesen wurde zu meinem Beruf – oder sagen wir lieber zu meiner Berufung! Und es schenkte mir die Begegnung mit einem wunderbaren Menschen, meinem späteren Partner, der mich behutsam in meine Selbstständigkeit begleitete.

In seiner Autobiografie schreibt Hans Christian Andersen: »Die Geschichte meines Lebens wird der Welt sagen, was sie mir sagt: Es gibt einen liebevollen Gott, der alles zum Besten führt.« Das gilt auch für mein Leben. Aus jener unsäglichen Meningitis meiner Kindheit entstand ein anderes Leben. Sicherlich mit allen Höhen und Tiefen, die zum Menschsein dazugehören. Aber immer versehen mit einer Vision voller Hoffnung und mit einem großen Dennoch.

Das Wunder ist das einzig Reale, es gibt nichts außer ihm. Wenn aber alles Wunder ist, das heißt durch und durch unbegreiflich, so weiß ich nicht, warum man dieser großen einen Unbegreiflichkeit, die alles ist, nicht den Namen Gott sollte geben dürfen.

Christian Morgenstern

ARNE KOPFERMANN

48 Dennoch ein Regenbogen

Meine Frau und ich haben im Herbst 2014 unsere 10-jährige Tochter Sara bei einem Autounfall verloren. Und niemand, der nicht selbst einen ähnlichen Verlust zu beklagen hat, kann sich vorstellen, wie trostlos sich das erste Weihnachtsfest nach dem Verlust eines eigenen Kindes anfühlt. Die oft wunderschön gestalteten Hochglanzkarten mit perfekt aufgereihten, glücklich lächelnden Familien, die uns ein schönes Weihnachtsfest und ein glückliches neues Jahr wünschen, haben mir in jenem Winter einen Stich ins Herz versetzt. Denn wir waren in tiefer Trauer, und ich war ganz und gar nicht sicher, ob ich jemals wieder ein glückliches Weihnachten ohne meine Tochter erleben könnte.

Am späten Vormittag des 24. Dezembers war ich noch einmal unterwegs, um letzte Besorgungen zu machen. Und auf der Rückfahrt bekam ich einen Anruf von meiner Frau. Sie machte mich auf den vielleicht größten Regenbogen aufmerksam, den ich in vielen Jahren jemals über unserem Ort gesehen habe. Er stand einige Minuten lang am Himmel und zog sich vom Ortseingang bis zum Friedhof auf der anderen Seite, wo unsere Tochter begraben liegt.

Der Regenbogen ist in der Bibel Symbol eines Bündnisses, das Gott mit uns Menschen schließt. So wie heute der Ehering für den Ehebund steht. Gott geht nach der Sintflut einen Bund mit seiner Schöpfung ein: Er wird die Erde nicht mehr durch eine Flut vernichten, sondern bestehen lassen, bis er einen neuen Himmel und eine neue Erde schafft. Diese Zusage ist eine einseitige Verpflichtung und an keine Bedingungen für den Menschen geknüpft.

Für uns konnte dieser Regenbogen am ersten Tag des Weihnachtsfestes 2014 nur eine Bedeutung haben: den liebevollen Zuspruch, dass Gott uns in dieser schwersten Zeit unseres Lebens nicht vergessen hat. Es war, als wollte Gott uns mitten in dem unsäglichen Schmerz unmissverständlich daran erinnern, dass er immer auf unserer Seite steht. Und dass er sein Versprechen, uns beizustehen, niemals brechen wird. Ein paar Jahre später habe ich über dieses Erlebnis den folgenden Liedtext geschrieben:

. . . .

Wenn der Himmel sich verfinstert
und die Sonne selbst nur bittere Tränen weint
Mich das Leben nicht begünstigt,
sondern auslacht und aufzugeben scheint
Wenn nach ein paar frohen Stunden wieder
dieser Kloß in meiner Kehle steckt
Komm so grad über die Runden
mit den Händen zum Himmel ausgestreckt
Dann zwischen Sonne und Regen, Trübsinn und Glück
Blinzelnd durch Tränen heb ich den Blick

Seh einen Regenbogen, scheinbar aus dem Nirgendwo
Regenbogen aus Rot, Gelb, Grün und Indigo
Regenbogen, die Wolken ziert ein Lichterkleid
Und die Leuchtschrift: Der Himmel ist nicht weit

Manchmal brauche ich ein Zeichen,
um zu sehn, Du lässt mich wirklich nie allein
Wenn sich graue Tage gleichen,
es mir schwerfällt, mal unbeschwert zu sein
Wenn ich auf der Stelle trete,
sich der Sinn von dem, was war, mir nicht erschließt
Ich für einen Durchbruch bete,
doch die Hoffnung auf »Schwermutmauern« stößt

Seh einen Regenbogen, scheinbar aus dem Nirgendwo
Regenbogen aus Rot, Gelb, Grün und Indigo
Regenbogen, die Wolken ziert ein Lichterkleid
Und die Leuchtschrift: Der Himmel ist nicht weit

Du setzt diesen Bogen als sichtbares Zeichen:
Dein Bund mit mir hat stets Bestand
Du bist mir gewogen, wirst nie von mir weichen
Ich kann nie falln aus Deiner Hand

. . . .

PROF. DR. FRIEDHELM PRACHT

49 Dennoch – Begegnungen

Im Januar 1980 verstarb plötzlich mein Vater, Unternehmensinhaber eines mittelständischen Leuchtenherstellers in zweiter Generation. Meine Mutter brach zusammen. Meine Frau und ich waren frisch verheiratet. Hille war damals Stationskrankenschwester und ich hatte mein Maschinenbaustudium abgeschlossen. Da ich keine Geschwister habe, stand in unserer jungen Ehe nun eine richtungsweisende Entscheidung an. Unsere Ziele waren eigentlich klar definiert. Wir wollten in unseren Berufen weiterkommen, ich wollte promovieren. Aber es musste eine Entscheidung für oder gegen das Familienunternehmen getroffen werden. Ich hatte klare Vorstellungen, wie das Unternehmen einmal aussehen sollte. In unserem Marktsegment »Leuchten in besonderen Anwendungsgebieten« sah ich es weit vorne an der Spitze. Wir entschieden uns schließlich gemeinsam dafür, das Unternehmen nun in dritter Generation weiterzuführen.

Im Februar 1987 verbrachten wir unsere Skiferien im Berner Oberland. In der Zwischenzeit waren uns drei Kinder geschenkt worden. Am Sonntag besuchten wir die Bibelschule in Beatenberg und hörten dort den Prediger Bob Kennedy über den Jabez-Segen aus 1. Chronik 4,10 sprechen. Hier betet Jabez: »Herr, segne mich, erweitere meine Grenzen, und halte Unglück und Schmerz von mir fern.«

Nach der Predigt hatte ich ein Gespräch mit Bob und las daraufhin ein Buch von Bruce Wilkinson über das Jabez-Gebet. So wurde diese Bitte auch mein tägliches Gebet. Rückblickend hat es sich erfüllt und ich bin dankbar für die lebensverändernde Begegnung mit Bob.

Im Herbst desselben Jahres lud uns meine Mutter zu einer gemeinsamen Reise ein. Wir verbrachten die Tage in einer christlich geführten Ferienanlage auf Korsika.

Einmal unternahmen wir mit den anderen Freizeitteilnehmern eine Wanderung zu einer Kapelle. Dabei kamen wir mit einem Ehepaar ins Gespräch. Es stellte sich heraus, dass Werner eine Führungsposition in einer Privatbank innehatte. Er fragte mich nach meinen persönlichen Erfahrungen in Bezug auf Leiterschaft und stellte mir viele interessante Fragen zu Unternehmensentscheidungen. Er hörte mir geduldig und sehr aufmerksam zu. Ich berichtete ihm, dass es in meiner Unternehmensführung nicht nur schöne Erfahrungen gab. Auch Niederlagen gehörten dazu, die mich ebenso geprägt haben wie meine Erfolge.

Plötzlich blieb Werner stehen, schaute mir in die Augen und fragte mich: »Friedhelm, ist dir der Vers 23 aus Psalm 73 bekannt?« Spontan antwortete ich: »Ich bin ja schon etwas bibelfest, aber ... nein!« Werner sagte: »Dieser Vers geht schon ein Leben lang mit mir. Er leitet mich besonders, wenn es anders kommt, als ich es mir vorgestellt habe. Er hilft mir dann, am Glauben zu bleiben und nicht abzufallen. Ich nenne dir den Vers: ›Dennoch bleibe ich stets an dir; denn du hältst mich bei meiner rechten Hand.‹«

Seit dieser Begegnung ist mir der Dennoch-Vers zum Lebensbegleiter geworden. Mit steigender Verantwortung habe ich den Vers zunehmend oft laut gebetet, weil ich häufig anders geführt wurde, als ich es wollte. Werner und ich blieben bis zu seinem frühen Ableben Glaubensbrüder.

Ich lernte mit der Zeit, dass das Dennoch mindestens zwei Blickrichtungen hat. Einerseits wurde der Vers ein unverrückbares und nicht zu diskutierendes Fundament für meinen persönlichen Glauben.

Die andere Seite des Dennochs betrifft den täglichen Umgang mit Menschen und bedeutet für mich – auch in meiner Führungsposition –, nicht nur meine eigene Meinung durchzusetzen. Das Dennoch möchte auf die richtige Weise gebraucht werden und dient nicht dazu, den eigenen Willen zu bekommen. Ich ging immer gut vorbereitet, mit eigenen Zielen und Vorstellungen in ein anstehendes Gespräch. Wenn der Gesprächsverlauf mir aber aufzeigte, dass mein Weg nicht unbedingt der richtige war, beharrte ich nicht zwingend auf meiner Meinung. Meine Erfahrung lehrte mich, dass die Durchsetzung eines Dennochs im täglichen Leben auch viel zerbrechen kann.

Gerade in der aktuellen Zeit sind wir auf Brückenbauer angewiesen. Ich denke in diesem Zusammenhang auch an die Worte von Paulus im Römerbrief: »Nehmt einander an ...« (Römer 15,7). Im Sinne des Friedens und des gegenseitigen Respekts sollten wir immer bemüht sein, das Dennoch im Vertrauen auf den auferstandenen Christus richtig zu gebrauchen.

Das Gebet des Jabez und das Psalmwort haben mich in all meinen Begegnungen und täglichen Aufgaben begleitet und getragen bis zum heutigen Tag.

KATJA SPITZER

50 Dennoch werde ich gesehen

Es war im Jahr 2000. Wuselnde Kinder im Gruppenraum mit Gottesdienstübertragung, ich mit meinen mittendrin. Viel war nicht mitzubekommen von der Stimmung im Saal, von der Predigt schon gar nicht. Ja, ich erinnere mich gut, so gerne hätte ich geistlich aufgetankt, die Ruhe nötig gehabt nach einer anstrengenden Woche mit zwei kleinen Kindern und Teilzeitbeschäftigung.

Die Kinder sind ein Geschenk und ich war und bin über diesen Segen sehr glücklich. Aber ich sehnte mich danach, mich persönlich auf Gott zu konzentrieren und wieder etwas in die Gemeindearbeit einbringen zu können, was einmal nichts mit Kindern zu tun hatte. Und ich wollte gerne spüren, dass Gott mich trotz des Gewusels um mich herum wahrnahm und mir begegnete. Ja, ich versank etwas in Selbstmitleid, denn das war doch ungerecht verteilt, oder?

Mein Mann war die Woche über sehr eingespannt in seine Arbeitswelt und am Sonntag dann als Teil der Gemeindeleitung im Gottesdienst aktiv. So saß ich die meisten Sonntage mit den Kindern im Übertragungsraum. Ich klagte Gott mein Leid und – Gott antwortete! Mitten im Kindertrubel, obwohl ich nicht konzentriert dem Gottesdienst lauschen konnte, zwischen all dem sah Gott mich dennoch. Tröstend wie eine Mutter war die Gottesgegenwart für mich plötzlich ganz konkret spürbar. Und eine Zuversicht breitete sich in mir aus mit der

Zusage, dass die Zeit meines Einsatzes in der Gemeinde kommen würde. Es war ein bewegendes und tröstendes Erleben an einem beliebigen Sonntag, das ich nicht vergessen habe.

Das Versprechen hat Gott dann Schritt für Schritt eingelöst. Ich konnte familienbegleitend den Aufbaustudiengang Gemeindepädagogik absolvieren. Die Studienzeiten genoss ich und sie zogen sich hin, auch weil ich sie eher als Hobby ansah. Als ich dann aber 2006 endlich fertig war, bekam ich ungefragt direkt ein Stellenangebot mit wenigen Stunden vor Ort, inklusive Kinderbetreuung unseres inzwischen dritten Kindes. So konnte ich nur zugreifen und arbeitete dann 14 Jahre lang gerne in unserer Ortskirchengemeinde. Im Laufe der Zeit konnte ich meinen Arbeitsbereich immer weiter ausbauen. 2012 wurde ich ordiniert.

Als 2020 die dortige Gemeindearbeit durch Corona immer mehr eingeschränkt werden musste, hatte Gott noch eine berufliche Steigerung für mich parat und Gottes Zusage aus dem Jahr 2000 stand mir dabei wieder deutlich vor Augen.

Von unserer Ursprungsgemeinde, die wir wegen meiner Arbeit in der Ortsgemeinde verlassen hatten, bekam ich ein tolles Stellenangebot. Dass diese Anfrage auch noch in eine Phase fiel, in der ich an einem intensiven Onlineseminar zum Thema »Berufung« teilnahm, hat mich doppelt bestärkt und erfreut. So habe ich 2021 in unserer alten Gemeinde die Leitung einer Gemeindeeinrichtung mit Seniorenarbeit, Stadtteilcafé und barrierefreien Wohnungen übernommen. Diese Aufgabe erfüllt mich sehr und ich spüre, Gott hat mich immer weitergeführt und mich hierzu berufen. Gott hat seine Zusage wahr gemacht. Gott ist ein Gott, der mich sieht – dennoch.

WILLI STIEL

51 Dennoch leben

Ich war 12 Jahre alt, da zitierte der Pastor bei der Beerdigung meines 10 Jahre älteren Cousins Manfred den Bibeltext aus dem Johannesevangelium 13,7: »Was ich hier tue, verstehst du jetzt noch nicht. Aber später wirst du es begreifen.« Es sollte eine Trostweisung sein, ganz besonders für seine Eltern, meine Paten, und für die ganze Verwandtschaft. Wir standen unter Schock. Manfred war im Nebel auf der Autobahn in einen Lkw aufgefahren. Eine Woche lang kämpften die Ärzte im Krankenhaus und meine Paten auf den Knien um sein Überleben in dieser Welt. Vergeblich. Ob die Eltern inzwischen im Himmel eine Antwort auf die Warum-Frage bekommen haben, weiß ich nicht. Auf Erden haben sie sie offenbar nicht erhalten. Seit dem Tod ihres einzigen Sohnes verschwand die Lebensfreude aus ihrem Leben. Obgleich sie tief fromm, aktive Gemeindeglieder und für Menschen in unterschiedlichen Situationen hilfsbereit waren. Aber lachen war in ihrer Gegenwart sehr unerwünscht. Sie waren über Jahrzehnte in ihrer Trauer gefangen und auch nicht empfänglich für gute Begleitung von Menschen. Das veränderte zumindest meinen Patenonkel zu einem komischen Heiligen. Sie konnten angesichts dieser Tragödie kein Dennoch aussprechen und es auch nicht leben.

Mich hat das immer tief berührt und oft auch mit Traurigkeit erfüllt, weil meine frommen Paten kein Ja zum frühen und dramatischen Tod ihres Sohnes finden konnten. Das zeigte und zeigt mir, dass es auch für einen Christen nicht immer möglich ist, zu Gottes Wegen Ja sagen zu können und dennoch hoffnungsvoll zu leben.

Anders ein nordhessisches Ehepaar, sie konnten das Dennoch leben. Sie hatten zwei Kinder und waren lebenslang engagierte Christen. Eines Tages stand die Polizei mit der traurigen Nachricht vor ihrer Tür, dass ihr Sohn Matthias tödlich mit seinem Auto verunglückt war. Der Schock des Lebens fuhr durch ihre Glieder. Mit so einer Nachricht hatten sie nicht gerechnet.

Dieser Verlust war sehr schlimm für sie. Getragen von der Familie, von Glaubensgeschwistern in Beruf und Gemeinde versuchten sie weiterzuleben und suchten nach Hoffnung und Sinn. Ihr Sohn war als junger Christ schon in verschiedenen Bereichen der Jugendarbeit, der Verkehrssicherheit und der Altenbetreuung engagiert gewesen. Zwei Jahre nach dem Unfalltod, als alle rechtlichen Fragen abgeschlossen waren, bekamen sie eine Lebensversicherung ausgezahlt – und da kam ihnen eine Idee. Von der Lebensversicherung und weiteren Spenden gründeten sie eine Stiftung zum Zweck der Förderung der Verkehrssicherheit, der christlichen missionarischen Jugendarbeit und auch der Betreuung von alten Menschen.

Seit nun schon über 30 Jahren werden durch diese Stiftung viele Projekte gefördert, die im Sinn des verstorbenen Sohnes gewesen wären. Einige davon sind anderen Menschen schon zur Lebensrettung geworden. So leben seine Ideale in diesen Projektförderungen weiter. Das schenkt den Eltern die Hoffnung, dass das kurze Leben ihres Sohnes doch einen Sinn hatte und hat.

So ein Dennoch im Glauben auszusprechen und zu leben ist möglich, auch wenn das Leid die Seele gefrieren lässt. Es ist ein harter Weg, der sicher nicht leicht zu finden ist. Aber es gibt ihn.

BIRGIT ORTMÜLLER

52 Dennoch, ein Lebensbegleiter

Es war ein trauriger und zugleich berührender Abschied von meiner geliebten Großtante, der Schwester meiner Oma. Sie durfte nach einem erfüllten Leben im hohen Alter in ihre himmlische Heimat einziehen. Schon früh stellte sie ihr junges Leben als Diakonisse in den Dienst Jesu. Sie war 16 Jahre alt, als sie Gottes Ruf folgte. Ihr Herz gehörte Gott und den Kindern. Sie arbeitete in einem Kinderheim, das ihrem Mutterhaus angehörte, dafür lebte sie. Sie wollte »ihre« Kinder nicht nur versorgen, sie wollte ihnen eine Heimat geben. Obwohl sie niemals eigene Kinder hatte, ist sie eine Mutter für viele geworden.

Auf ihren Heimatbesuchen war sie häufig zu Gast in unserem Haus. Ich freute mich immer auf die Begegnungen mit ihr. Viele gemeinsame Stunden haben wir im Familienkreis miteinander verbracht. Immer wieder trafen sich unsere Lebenswege, auch mein Mann und unsere Kinder hatten eine enge Beziehung zu unserer Tante Gertrud. Ja, wir hatten sie alle lieb und waren dankbar für ihr tägliches Gebet, wir fühlten uns einander verbunden. Mit ihr konnte man über alles reden, ihre Ansichten waren zeitgemäß. Sie lebte im Hier und Jetzt. Einen wichtigen Leitsatz von ihr hörte ich oft und er gehörte untrennbar zu ihr und ihrer Lebenshaltung: »Ich habe dich, euch alle lieb!« Sie lebte von der Liebe Gottes und diese gab sie weiter an ihre Mitmenschen. Sie hat bleibende Spuren in unseren Herzen hinterlassen. Ihr Abschied ist der Anfang liebevoller Erinnerungen an wertvolle Zeiten.

Ich kenne viele ihrer Geschichten und Erlebnisse und bin bis heute immer wieder erstaunt über ihren tiefen Glauben, ihr festes Vertrauen in ihren Herrn. Obwohl wir uns gut kannten, erfuhr ich erst bei der Trauerrede, wie häufig ein Dennoch Teil ihres persönlichen Lebens war und sie durch manche Situationen begleitet und getragen hat. Am Eintrittstag in die Schwesternschaft war die Losung Psalm 46,5-6: »Dennoch [...] Gott ist bei ihr drinnen, darum wird sie fest bleiben; Gott hilft ihr früh am Morgen.« Ein Auszug aus ihrem Lebenszeugnis lautete: »Vom ersten Tag an gehörte mein ganzes Herz diesen abgegebenen, teils elternlosen Kindern. Mein Bett stand zwischen den Kinderbetten. Es gab so viel Kinderherzeleid. Oft habe ich gebetet: ›Herr, es drückt mir das Herz ab, dieses Kinderelend, ich kann hier nicht bleiben!‹ Und dann wurde ich an meine Losung ›Dennoch‹ erinnert.« Dieses Losungswort hat sie ihr Leben lang begleitet und sie hat es sich auch zur Auslegung bei ihrer Trauerfeier gewünscht.

Ein kleiner Holzschriftzug mit dem Wort *Dennoch* ist durch sie in unser Haus gekommen und fand seinen Platz im Wohnzimmer meiner Großeltern. Heute steht er in der Wohnung meiner Eltern und ist Grundlage und Inspiration für meine immer größer werdende Sammlung an Dennoch-Geschichten. Über *Dennoch ist Hoffnung,* mein erstes Buch mit Dennoch-Geschichten, habe ich mit Tante Gertrud nicht mehr gesprochen. Umso mehr berührten mich ihre Zitate, die aus ihrem Lebenszeugnis in der Traueransprache vorgetragen wurden. Immer wenn dieses Dennoch fiel, ging es durch mich hindurch. Dieses eine kleine Wort, welches mir Gott so aufs Herz gelegt hat. Ich möchte ihr Vermächtnis, ihr Lebensdennoch, weitertragen, damit es zum

Segen für viele werden kann. Die Dennoch-Geschichten und deren Veröffentlichung ist mein Herzensprojekt – vielleicht meine Lebensaufgabe.

Dank

Ich bedanke mich bei allen beteiligten Autorinnen und Autoren für die Mitarbeit und Unterstützung bei diesem zweiten Dennoch-Buch. Mit Ihrer persönlichen Dennoch-Geschichte werden Sie zu Hoffnungsträgern. Danke, dass Sie Ihre Geschichte teilen und mit Ihrem Beitrag Mut machen, Gott bedingungslos zu vertrauen. Das schenkt vielen Hoffnung.

● ● ● ● ● ● ● ● ● ● ● ● ● ● ● ●

Dennoch geliebt

Du kennst auch die schweren Zeiten in meinem Leben.
Du weißt um meine Kleingläubigkeit und meinen Unmut.
Du siehst meinen Alltag und ich lasse dir wenig Raum darin.
Du fühlst mit mir in meinen Sorgen und Anfechtungen.
Du kennst alle meine Gedanken,
dennoch hältst du an mir fest,
denn ich bin dein geliebtes Kind.

● ● ● ● ● ● ● ● ● ● ● ● ● ● ● ●

Quellenverzeichnis

Bibelstellen sind, soweit nicht anders angegeben, entnommen aus:

Die Bibelstellen sind der Übersetzung Hoffnung für alle® entnommen, Copyright © 1983, 1996, 2002 by Biblica Inc.®.
Verwendet mit freundlicher Genehmigung von fontis – Brunnen Basel. Alle weiteren Rechte weltweit vorbehalten.

Abweichende Übersetzungen:

S. 11, 15, 22, 25, 72, 78, 81 f., 101, 103, 122, 163, 170: Lutherbibel revidiert 2017, © 2016 Deutsche Bibelgesellschaft, Stuttgart.

S. 24: Neues Leben. Die Bibel © 2002 / 2006 / 2017 SCM R.Brockhaus in der SCM Verlagsgruppe GmbH, Holzgerlingen.

S. 26, 85, 144: Schlachter 2000
Copyright © 2000 Genfer Bibelgesellschaft.

S. 47: Gute Nachricht Bibel, durchgesehene Neuausgabe,
© 2018 Deutsche Bibelgesellschaft, Stuttgart.

S. 19: Stephan Goldschmidt, Fürbitten, in: Denn du bist unser Gott. Gebete, Texte und Impulse für die Gottesdienste des Kirchenjahres. © 2018 Neukirchener Verlagsgesellschaft mbH, Neukirchen-Vluyn, 2. Auflage 2019, S. 178.

S. 61: Kurt Rainer Klein, Trotzdem, in: Berühre uns, Herr, sanft mit deinem Wort. Gebete und Texte für Gottesdienst und Andacht. © 2019 Neukirchener Verlagsgesellschaft mbH, Neukirchen-Vluyn, S. 124.

S. 160 f.: Regenbogen. Text und Musik: Arne Kopfermann.
© 2017 Basement Groove Publishing, Asslar.

52 lebensverändernde Begebenheiten

Wir alle kennen sie – die Herausforderungen, Widersprüche und leidvollen Erfahrungen des Lebens. Aber was ist, wenn genau in diesen Situationen ein Dennoch steckt? Wenn es sich gerade hier lohnt, einem Gott zu vertrauen, der uns trotz allem nahe ist? Birgit Ortmüller hat 52 Texte gesammelt, die von diesem Dennoch erzählen. Sie machen Mut, in den großen wie kleinen Widrigkeiten des Lebens Vertrauen und Hoffnung zu wagen. Dennoch! Ein wunderbares Buch, um Ermutigung zu verschenken oder sich selbst in den zahlreichen Erlebnissen wiederzufinden. Mit Geschichten von Arno Backhaus, Thea Eichholz, Kerstin Wendel, Jürgen Mette, Josef Müller und vielen mehr. Auch als E-Book erhältlich bei allen gängigen E-Book-Anbietern (ISBN 978-3-7615-6857-6).

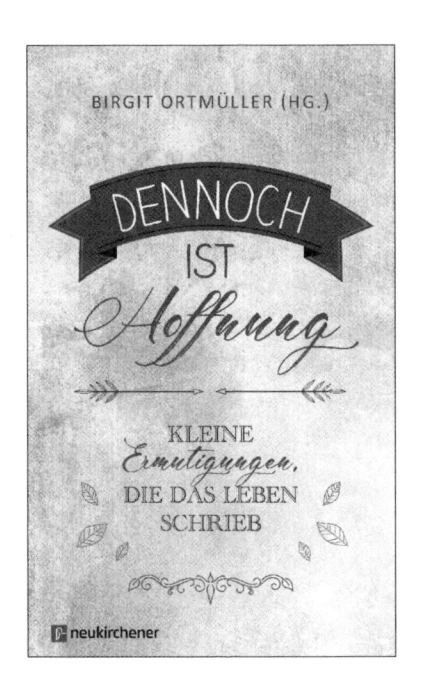

Birgit Ortmüller (Hg.)
Dennoch ist Hoffnung
Kleine Ermutigungen,
die das Leben schrieb

gebunden,
mit Lesebändchen,
176 Seiten,
ISBN 978-3-7615-6856-9

neukirchener

Alltag mit Blick in den Himmel

Dieses Leben dreht sich schnell. Bilder, Nachrichten, Meinungen und Ereignisse strömen auf uns ein. So vieles füllt Kopf, Seele und Herz. Nicht zuletzt die Frage nach dem, was durchträgt in stürmischen Zeiten. Darum brauchen wir die Momente, in denen wir zur Ruhe kommen und uns ermutigen lassen. Dorothea Bronsema ist eine Hoffnungs-Sucherin geworden. Ehrlich schreibt sie über Erlebtes, feiert das Leben und die kleinen Momente. Sie versucht, Jesus im Alltag zu finden und fühlt immer öfter, dass sie diejenige ist, die von ihm gefunden wird. Er begegnet ihr in Alltagsbildern und -schnipseln, im Jahresablauf und im Garten, in der Begegnung mit Kindern und anderen Menschen. Dieser seelenwärmende Jahresbegleiter für kleine Auszeiten lädt ein, hinzuhören und aufzumachen, wenn die Hoffnung leise anklopft.

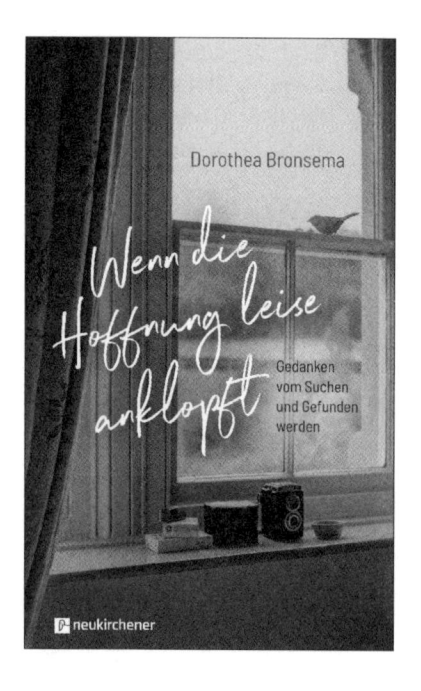

Dorothea Bronsema
Wenn die Hoffnung leise anklopft
Gedanken vom Suchen
und Gefunden werden

gebunden,
mit Lesebändchen,
176 Seiten,
ISBN 978-3-7615-6962-7

neukirchener